U0872006

Y&S | 元正盛业

产业扶贫

法律服务实务与风险防范

耿宝建 **主 编**

李 伟 王颖捷 **副主编**

法律出版社 | LAW PRESS

本书编撰人员

李　伟　（前言，第一章、第二章、第四章）

耿宝建　（第三章　第一节）

胡晓岸　（第三章　第二节）

陈　军　（第三章　第三节、第五节、第九节）

郭荣德　（第三章　第四节）

陈飞年　（第三章　第六节）

阿不都那比江·艾力　（第三章　第七节、第九节）

李海军　（第三章　第八节）

作者简介

耿宝建 主编，全国优秀律师，新疆元正盛业律师事务所主任、新疆律师协会副会长、全国政府法律顾问服务联盟副主席、中国人民大学律师学院兼职讲师、国家律师学院客座教授、中华全国律师协会西部讲师团成员。长期致力于政府法律顾问、企业兼并破产、重组等领域，在政府法律顾问、企业破产重整等领域具有丰富的实践经验、理论功底、专业能力，在业内具有广泛影响、良好声誉。

李　伟 副主编，新疆维吾尔自治区人民政府原法制办公室主任、新疆大学法律硕士研究生导师、国家公务员培训中心公共管理硕士研究生导师。长期从事立法、行政执法监督、行政复议和应诉、依法行政培训教育等工作，对行政审批制度改革、不动产登记体制改革、自然资源和生态环境保护、农村扶贫和乡村振兴战略实施等方面的理论和实践积累较丰富，在业内具有较广泛影响。曾获自治区首届法治宣传教育“十佳”工作者荣誉称号。《新疆维吾尔自治区农村扶贫开发条例（草案）》的主要执笔人。

王颖捷 副主编，英国斯旺西大学博士，南京财经大学法学院讲师。参与了本书全部内容的编写、翻译工作。主要研究方向为社会学，社会工作，神经认知心理学。主要研究内容聚焦社会与司法交叉热点问题，聚焦弱势群体心理、权益，社会支持以及再社会化等问题。拥有国家实用新型专利，学术文章均发表于国际SCI期刊。

郭荣德 新疆元正盛业（新源）律师事务所主任、高级合伙人、律师。长期从事政府法律顾问、土地征收、企业改制破产及金融等专业领域，自2005年起担任多家县市政府法律顾问，具备较丰富的基层法律服务工作经验和专业能力。

李海军 新疆元正盛业律师事务所高级合伙人、律师。1999年起从事专职律师，专业领域为刑民交叉、刑事控告、刑事辩护等，主要著作有《依法规范行政许可行为》《浅议商业贿赂行为的成因及治理》等。

胡晓岸 新疆元正盛业（伊宁）律师事务高级合伙人、律师。2007年毕业于吉林大学法学院法学专业，长期从事投融资、金融证券类；公司改制、清算；政府采购等业务。

陈飞年 新疆元正盛业律师事务所合伙人、律师。主要从事政府法律顾问、税务、水利等专业领域，著有《〈新疆维吾尔自治区塔里木河流域水资源条例〉释义》一书。

阿不都那比江·艾力 新疆元正盛业律师事务所律师。2013年毕业于厦门大学，获民商法法学硕士学位，主要从事政府法律顾问业务、劳动争议、民商事纠纷等业务。

陈　军 新疆元正盛业律师事务所实习律师。2011年毕业于西北政法大学，曾在上市公司长期从事对外投资尽调、商务谈判及风险控制等工作，主要专业领域为政府法律顾问、企业法律顾问等非诉业务。

为打赢脱贫攻坚战提供律师服务保障

——为《产业扶贫法律服务实务与风险防范》所作的序

习近平总书记指出，如期打赢脱贫攻坚战，让贫困人口和贫困地区同全国一道进入全面小康社会，是中国共产党向人民作出的庄严承诺。习近平总书记关于扶贫工作的重要论述，特别是精准扶贫、精准脱贫重要思想，为打赢脱贫攻坚战指明了方向、提供了根本遵循。

《中共中央　国务院关于打赢脱贫攻坚战三年行动的指导意见》明确，到2020年，巩固脱贫成果，通过发展生产脱贫一批，易地搬迁脱贫一批，生态补偿脱贫一批，发展教育脱贫一批，社会保障兜底一批，因地制宜综合施策，确保现行标准下农村贫困人口实现脱贫，消除绝对贫困；确保贫困县全部摘帽，解决区域性整体贫困。

2019年既是脱贫攻坚关键之年，也是多数贫困县实现脱贫摘帽的关键之年。西藏、四省藏区、南疆四地州和四川凉山州、云南怒江州、甘肃临夏州（以下简称“三区三洲”）等深度贫困地区是脱贫攻坚的主战场。为确保如期打赢脱贫攻坚战，国家和地方在政策、资金、人才等方面给予深度贫困地区更多的倾斜。据统计资料显示，2019年中央财政专项扶贫资金（不含地方配套资金）1260.95亿元，其中新疆116.24亿元；2018年新疆全区投入扶贫资金334.11亿元，其中南疆四地州占92.3%。

南疆四地州是脱贫攻坚的主战场之一，自治区党委、人民政府始终坚持把脱贫攻坚置于实现新时代党的治疆方略、特别是社会稳定和长治久安总目标中谋划思考推进；始终坚持“输血”与“造血”并重，扶贫与扶智并举，把“抓产业、促就业、保脱贫”作为脱贫攻坚的重中之重；始终坚持把发展产业作为实现脱贫的根本之策，通过发展产业为更多富余劳动力提供就业岗位，带动更多贫困人口实现脱贫。

按照党中央脱贫攻坚决策部署，自治区党委、人民政府具体工作安排，新疆元正盛业律师事务所积极参与国家脱贫攻坚战略，为坚决打赢脱贫攻坚战提供良好法律服务和法治保障，积极运用长期为政府提供法律顾问服务积累的经验，以法治扶贫为切入点，充分发挥律师在法治宣传、法律咨询、法律论证、法律顾问等方面的职能作用，为南疆贫困地区和困难群众提供普惠均等、高效便捷、智能精准的公共法律服务，为打赢脱贫攻坚战、全面建成小康社会提供律师服务保障。

针对南疆四地州脱贫攻坚艰巨任务、法律人才匮乏的客观现实，为帮助贫困县市把好扶贫资金的使用安全、程序合法法律关，防范和减少扶贫中违纪违规、纪检监察、行政、刑事责任法律风险，新疆元正盛业律师事务所认真总结提炼为县市政府提供精准扶贫法律服务中大量案例编著成《产业扶贫法律服务实务与风险防范》一书，涉及招商引资、采购招标、合同模式设计、土地供应、项目公司管理运作、产业扶贫项目资金管理、扶贫项目现场法律服务实务等，并附扶贫项目刑事法律风险防范途径和产业扶贫常用法律文书范例，解析如何将精准扶贫做到位，将预防支持保障工作做在产业扶贫项目的前端，并对产业扶贫风险防范提出切实有效的解决措施。这既是全国律师行业参与脱贫攻坚工作全流程、专业化的法律实务风险防范专著，也是律师参与精准扶贫法律服务实务全面专业的书籍，具有很好的实用性、针对性、可操作性，也为参与扶贫开发、乡村振兴战略工作的政府工作人员、企业从业人员、律师、法律工作者及研究机构学者提供了有价值有意义的借鉴和参考。

为全区律师机构、广大律师积极参与脱贫攻坚战点赞！

是为序。

王 江*

2019年8月25日于乌鲁木齐

* 新疆维吾尔自治区司法厅党委书记。

前 言

从新疆元正盛业律师事务所受聘担任和田政府法律顾问那天起，精准脱贫、乡村振兴、产业扶贫就不再是一种概念、一句术语，已然成为我们的“主业”，成为我们的“主场”。实践的磨砺让我们对精准脱贫、乡村振兴、产业扶贫的认识和诠释愈加坚定和坚实。脱贫攻坚与乡村振兴具有战略连续性和继续性。脱贫攻坚的战略目标是，到2020年现行标准下农村贫困人口全部脱贫，贫困村、贫困县全部摘帽，解决区域性整体贫困。乡村振兴的战略目标分三个阶段实现：到2020年，乡村振兴制度框架和政策体系基本形成，农业综合生产能力稳步提升，现行标准下农村贫困人口实现脱贫，贫困村、贫困县全部摘帽，解决区域性整体贫困。到2035年，乡村振兴取得决定性进展，农业农村现代化基本实现。到2050年，乡村全面振兴，农业强、农村美、农民富全面实现。

打赢脱贫攻坚战和实施乡村振兴战略都肩负着党中央确定的两个100年奋斗目标所赋予的政治使命。在战略部署和决胜标志上，脱贫攻坚是乡村振兴的战略前提，乡村振兴是脱贫攻坚的战略延伸。只有确保到2020年现行标准下农村贫困人口、贫困村、贫困县做到脱真贫、真脱贫，继而走中国特色社会主义乡村振兴道路，才能让农业成为有奔头的产业，让农民成为有吸引力的职业，让农村成为安居乐业的美丽家园；只有通过推动农业全面升级、农村全面进步、农民全面发展，才能谱写新时代乡村全面振兴的新篇章。

精准脱贫的重要扶持措施是“产业发展、易地搬迁、生态补偿、扶智扶志、社保兜底”，产业扶贫位当其冲；乡村振兴战略的总要求是“产业兴旺、生态宜居、乡风文明、治理有效、生活富裕”，产业兴旺摆在首位。产业扶贫的鲜明效果在于带动农村贫困人口转移就业。“一人就业、全家脱贫”（习近平语），朴实无华、情系群众。

《中共中央　国务院关于打赢脱贫攻坚战三年行动的指导意见》指出，加大产业扶贫力度，深入实施贫困地区特色产业提升工程，因地制宜加快发展对贫困户增收带动作用明显的种植养殖业、林草业、农产品加工业、特色手工业、休闲农业和乡村旅游，支持有条件的贫困县创办一二三产业融合发展扶贫产业园。

这样的时代大背景为法律工作者提供了广阔的服务空间和施展能力与抱负的无限机遇。编写本书既为宣传产业扶贫精准脱贫乡村振兴政策措施、注重产业扶贫实务与风险防范、助推产业发展脱贫致富实效，亦是我们投身产业扶贫法律服务的心得载体、行动载体。诚然，我们的视野仍不够开阔，实践仍不够丰富，法律理论与实务积累仍不够深厚，对政策的理解与适用仍不够精确精准，以致本书的内容尚有诸多可资商榷、批评、改进之处，期望读者给予谅解和指正。

编　者

2019 年 5 月于和田

目 录

第一章

精准扶贫与产业扶贫概述

导读　精准脱贫是党的十九大提出的全面建成小康社会的三大攻坚战之一。

本章对精准扶贫的重要意义、精准扶贫的科学内涵与实践创新，产业扶贫的基本概念和实现路径做了精要概括和阐述。

第一节　精准扶贫方略的形成及重要意义

一、形成背景

我国农村建档立卡贫困人口主要分布在中西部民族地区、边疆地区、边远山区、革命老区、集中连片特困地区内 800 多个国家扶贫开发工作重点县（统称贫困县）和 12.8 万个建档立卡贫困村（数据截至 2015 年年底）。贫困县财力薄弱，基础设施瓶颈制约明显，基本公共服务供给能力不足，产业发展活力不强，结构单一，环境约束趋紧，粗放式资源开发模式难以为继，贫困人口就业渠道狭窄，转移就业和增收难度很大。

以习近平同志为核心的党中央，始终把贫困地区和贫困人口全部脱贫作为全面建成小康社会的底线任务和标志性指标，在全国范围全面奏响脱贫攻坚战号角，其力度之大、规模之广、影响之深，前所未有。国务院扶贫办党组书记、主任刘永富 2018 年 3 月 7 日在第十三届全国人大第一次会议新闻中心接受人民日报记者提问时曾谈到，2012 年年底的时候，我们国家有 9899 万贫困人口，到 2017 年年底还剩 3046 万人，在 5 年的时间里减少了 6853 万人，年均减少 1370 万人。从 1986 年确定了贫困县，到 2012 年年底的时候是 832 个贫困县，这几年减少了 150 个。这 5 年，贫困地区农民纯收入增幅比全国农村农民收入增幅高 2.5 个百分点，创造了历史上最好的成绩。

当前，我国扶贫开发已进入啃硬骨头、攻坚拔寨的冲刺期。中西部一些省（自治区、直辖市）贫困人口规模依然较大，剩下的贫困人口贫困程度较深，减贫成本更高，脱贫难度更大。实现到2020年的脱贫攻坚既定目标，时间十分紧迫、任务相当繁重。

二、形成过程

党的十八大以来，习近平总书记最关注的工作之一就是贫困人口脱贫。习近平总书记在河北阜平老区考察时指出，扶贫工作不可用“手榴弹炸跳蚤”；在湖南调研时首次提出“精准扶贫”思想理念；在贵州考察时进一步就扶贫工作提出“六个精准”的基本要求，即扶贫对象精准、项目安排精准、资金使用精准、措施到位精准、因村派人（第一书记）精准、脱贫成效精准；在云南考察时指出，扶贫是我们实现第一个100年奋斗目标的重点工作，是最艰巨的任务。扶贫开发要增强紧迫感，真抓实干，不能光喊口号，绝不能让困难地区和困难群众掉队；在党的十九大报告中号召全党全国坚决打赢脱贫攻坚战。习近平总书记多次主持召开跨省区扶贫开发脱贫攻坚座谈会，多次就扶贫开发脱贫攻坚工作作出重要批示、指示，强调要深刻认识扶贫开发工作的重大意义，坚定地走精准扶贫之路。

2015年11月29日，《中共中央　国务院关于打赢脱贫攻坚战的决定》得以发布。

《中共中央　国务院关于打赢脱贫攻坚战的决定》指出，实施精准扶贫方略，加快贫困人口精准脱贫。健全精准扶贫工作机制，按照扶持对象精准、项目安排精准、资金使用精准、措施到户精准、因村派人精准、脱贫成效精准的要求，使建档立卡贫困人口中有

5000 万人左右通过产业扶持、转移就业、易地搬迁、教育支持、医疗救助等措施实现脱贫，其余完全或者部分丧失劳动能力的贫困人口实行社保政策兜底脱贫。

三、重要意义

《中共中央　国务院关于打赢脱贫攻坚战的决定》确定的脱贫攻坚总体目标是：到 2020 年，稳定实现农村贫困人口不愁吃、不愁穿，义务教育、基本医疗和住房安全有保障。实现贫困地区农民人均可支配收入增长幅度高于全国平均水平，基本公共服务主要领域指标接近全国平均水平。确保我国现行标准下农村贫困人口实现脱贫，贫困县全部摘帽，解决区域性整体贫困。

《国务院"十三五"脱贫攻坚规划》确定的脱贫目标是：到 2020 年，稳定实现现行标准下农村贫困人口不愁吃、不愁穿，义务教育、基本医疗和住房安全有保障。贫困地区农民人均可支配收入比 2010 年翻一番以上，增长幅度高于全国平均水平，基本公共服务主要领域指标接近全国平均水平。确保我国现行标准下农村贫困人口实现脱贫，贫困县全部摘帽，解决区域性整体贫困。

"十三五"规划的最后一年是 2020 年，正是党中央确定全面建成小康社会的时间节点，扶贫开发脱贫攻坚进入啃硬骨头、攻坚拔寨的冲刺期。坚持精准扶贫方略，打赢脱贫攻坚战，确保到 2020 年现行标准下农村贫困人口实现脱贫，充分展示了中国共产党领导和中国特色社会主义制度强大政治优越性，是促进全体人民共享改革发展成果、实现共同富裕的重大举措，是经济发展新常态下扩大国内需求、促进经济增长和区域协调发展、跨越"中等收入陷阱"的重要途径，是促进民族团结、边疆稳固的重要保证，是全面建成小康社会的重要内容，是积极响应联合国 2030 年可持续发展议程的重要行动，事关人民福祉，事关党的执政基础和国家长治久安，使命光荣、责任重大。各级党委和政府必将进一步增强紧迫感和主动性，理清思路、强化责任，采取力度更大、针对性更强、作用更直接、效果更可持续的措施，在精准扶贫、精准脱贫上下更大功夫，坚持因人因地、因贫困原因、因贫困类型精准施策，引领贫困地区人民坚定地在脱贫致富道路上迈进。

第二节　精准扶贫的内涵与实践

一、科学内涵

习近平总书记指出，改革开放初期，农村普遍贫困，需要通过普惠性的政策措施，使大部分地区和群众受益。现在情况变化了，大水漫灌式扶贫很难奏效，必须采取更精准的措施，根据致贫原因有针对性地制定方案，因人因户因村精准施策，做到精准识别、对症下药、精准滴灌、靶向治疗。扶贫开发贵在精准，重在精准，成败之举在于精准。

精准扶贫方略的科学内涵，突出体现为“五个一批”的扶持导向（发展生产脱贫一批、易地搬迁脱贫一批、生态补偿脱贫一批、发展教育脱贫一批、社会保障兜底一批）；“两不愁三保障”的底线任务（农村贫困人口不愁吃、不愁穿，义务教育、基本医疗和住房安全有保障）；“六个精准”的基本要求；“四个切实”的工作责任（切实落实领导责任，切实做到精准扶贫，切实强化社会合力，切实加强基层组织）等。

2017 年 6 月 23 日，习近平总书记《在深度贫困地区脱贫攻坚座谈会上的讲话》上指出："脱贫攻坚要实打实干。"精准扶贫方略的精髓就是实打实干。实打实干的本质要求就是不作表面文章，不搞形式主义、花拳绣腿、繁枝缛节；实打实干的思想方法就是实事求是，因地因户因人施策；实打实干的依靠力量就是激发群众的内生动力，发挥群众的积极性、主动性、创造性；实打实干的工作作风就是干部要真正沉下去，扑下身子到村里干，同群众一起干，把一切工作都落实到为贫困群众解决实际问题上。

二、基本要求

践行精准扶贫方略，就是要不断提升精准识别、精准帮扶、精准施策、精准退出质量，确保扶贫扶到点上，脱贫脱到根上。

（一）牢固树立"精准作风"

把精准扶贫、精准脱贫摆在突出位置，坚决落到实处。着力解决扶贫对象底数不精准、致贫原因不精准、扶贫政策措施针对性不精准、扶贫项目资金效果不精准等问题。例如，有数据信息显示全国农村贫困人口基数为 8249 万人，这个数据是国家统计局 2013 年根据全国 7.40 万户农村住户调查样本数据推算出来的，在研究贫困居民规模、分析贫困发展趋势、制定扶贫开发政策措施等方面被广泛参考，但在具体工作中仍然存在"谁是贫困居民""贫困原因是什么""怎么针对性帮扶""帮扶效果怎样"等精准性不足问题。在全国尚未建立权威性统一性高效性精准性扶贫信息系统之前，扶贫开发数据信息难免存在诸多盲点，并带来相应的决策盲点。

（二）坚决消除"粗放扶贫"

精准扶贫的相对面是粗放扶贫。有业内人士指出，由于贫困居民数据来自抽样调查后的逐级往下分解，扶贫中的低质、低效问题普遍存在。如贫困居民底数不清，扶贫对象常由基层干部“推估”（推测估算）；扶贫资金“天女散花”，以致“年年扶贫年年贫”；贫困县舍不得“脱贫摘帽”；扶贫数字弄虚作假，挤占浪费国家扶贫资源；人情扶贫、关系扶贫，造成应扶未扶、扶富不扶穷等社会不公，甚至滋生腐败。表面上看，粗放扶贫是工作方法存在问题，实质反映的是干部的群众观念和执政理念的大问题。

（三）切实增强扶贫实效

粗放扶贫难以避免不少扶贫项目粗放“漫灌”，针对性不强，形成“扶农”而非“扶贫”现象。如异地搬迁扶持是扶贫开发的“硬仗”，居住在边远山区、地质灾害隐患区等地的贫困户，一方水土难养一方人，采取异地搬迁扶持就是很好的扶贫脱贫措施。但是，因为搬迁项目、补助资金、因地施策、到户到人等没做到精准精确，享受扶贫资金补助搬出来的多是经济条件相对较好的农户，贫困的特别是最穷的农户反而搬不起、搬不出，相对造成异地搬迁扶持实效不佳。新村扶贫、产业扶贫、劳务扶贫等项目往往也存在同样问题，受益多的主要还是贫困人口中的中高收入者，而特困农户比例较低。

（四）精准投放资金和项目

精准扶贫的聚焦点和突破口在于对粗放扶贫体制机制进行调整和完善，继而精准解决扶贫政策和资金用在谁身上、怎么用、用得怎么样等问题。精准扶贫必须体现“精准度”，保障“六个精准”全面落实，关键是要把专项扶贫项目和资金精准用于贫困群众，特别是财政专项扶贫资金务必重点用在贫困群众身上，用在可行、实在、见效的项目上。精准扶贫要做雪中送炭的事，绝对不能用扶贫资金搞高标准的新农村建设项目，或者搞其他形象工程。

（五）坚持“五级书记抓扶贫”

各级党委和政府要全面落实领导责任，时刻把责任放在心上、扛在肩上、抓在手上。压实县级党委和政府承担主体责任，书记和县长是第一责任人的责任。精准选配第一书记，精准选派驻村工作队。加强贫困乡镇领导班子建设，选配政治素质高、工作能力强、熟悉“三农”工作的干部担任贫困乡镇党政主要领导。严格执行党中央关于贫困县不脱贫、不摘帽，党政正职不调整、不调离的决策。加强优秀干部挂职扶贫、驻村帮扶。有计划安排后备干部到贫困县挂职任职。强化基层党组织的政治引领和服务功能，持续抓好贫困村软弱涣散党组织整顿工作。

三、实践创新

践行精准扶贫方略贵在推进由保障式扶贫向开发式扶贫转变的实践创新，即扶贫工作从按贫困人口平均分配资金向按项目效益分配资金方面转变，从单纯依靠行政部门向主要依靠经济组织转变，从资金单向输入向资金、技术、物资、培训相结合输入和配套服务转变。一是要注重动员、鼓励、引导贫困地区的干部群众把自己的努力同国家的扶持有机地结合起来，通过开发自然资源和人文资源，发展商品生产，改善生产条件，增强自我积累、自我发展的能力。二是要注重通过帮助搞经济开发，达到脱贫目的。三是要注重三个联系：与经济发展紧密联系，与改善生产条件紧密联系，与市场经济体制下的商品生产紧密联系。四是要注重两个结合：与贫困地区的农民相结合，主动帮扶与主动接受帮扶相结合。五是要化劣呈优，扬长避短，物尽其用，人尽其才，在劣势中找优势，利用资源优势、地缘优势找经济优势，化资源优势、地缘优势为商品优势。

开发式扶贫要坚持因地制宜、分类施策、突出重点、务求实效，注重把握好四个结合：一是与定点扶贫相结合。定点扶贫单位坚持开发式扶贫，帮助培育农业主导产业，重点是帮助贫困乡村和贫困人口提高自我发展能力。二是与企业扶贫相结合。依托大型企业、金融机构、科研院校及有实力的社会组织参与到扶贫开发，重点是整合各种资源，带动贫困地区实现可持续发展。三是与区域经济发展相结合。根据贫困落后地区的区域特色，规划符合当地实情的区域经济发展模式，重点是走资源特色型、地域特色型、人文特色型开发之路。四是与"三农"发展相结合。坚持统筹城乡发展，把解决好农业、农村、农民问题作为开发式扶贫的出发点和立足点，重点是在发展"三农"中推进扶贫开发，在扶贫开发中发展"三农"。

第三节　产业扶贫的基本概念与实现路径

一、基本概念

（一）产业扶贫是以市场为导向，以产业发展为杠杆的扶贫开发重要措施，是促进贫困地区发展、增加贫困群众收入的有效途径，是扶贫开发的战略重点和主要任务。

（二）产业扶贫是一种内生发展机制，目的在于充分有效利用贫困地区特有资源优势，积极构建"贸工农一体化、产加销一条龙、多种经营协调发展"产业化经营体系，持续稳定带动贫困群众脱贫致富。产业扶贫是打赢脱贫攻坚战的突破口，是提高贫困群众自我发展能力的着力点，是推进其他扶贫措施取得实效的孵化器，是充实贫困群众“钱袋子”的催化剂。

（三）产业扶贫的基本模式：园区带动、龙头企业带动、农民合作社带动、经营户带动，贫困群众自主发展产业。

二、政策导向

根据《中共中央 国务院关于打赢脱贫攻坚战的决定》，产业扶贫政策导向突出体现在五个方面：

（一）制订贫困地区特色产业发展规划，出台专项政策，统筹使用涉农资金，重点支持贫困村、贫困户因地制宜发展种养业和传统手工业等。

（二）实施贫困村“一村一品”产业推进行动，扶持建设一批贫困人口参与度高的特色农业基地。加强贫困地区农民合作社和龙头企业培育，发挥其对贫困人口的组织和带动作用，强化其与贫困户的利益联结机制。

（三）支持贫困地区发展农产品加工业，加快一二三产业融合发展，让贫困户更多分享农业全产业链和价值链增值收益。加大对贫困地区农产品品牌推介营销支持力度。依托贫困地区特有的自然人文资源，深入实施乡村旅游扶贫工程。

（四）科学合理有序开发贫困地区水电、煤炭、油气等资源，调整完善资源开发收益分配政策。探索水电利益共享机制，将从发电中提取的资金优先用于水库移民和库区后续发展。

（五）引导各类大型企业设立贫困地区产业投资基金，采取市场化运作方式，主要用于吸引企业到贫困地区从事资源开发、产业园区建设、新型城镇化发展等。

三、基本要求

根据《国务院“十三五”脱贫攻坚规划》《中共中央　国务院关于实施乡村振兴战略的意见》以及中共中央、国务院印发《乡村振兴战略规划（2018—2022年）》的规定，党中央、国务院对产业扶贫工作的基本要求集中体现在四个方面：

（一）立足贫困地区资源禀赋，以市场为导向，充分发挥农民合作组织、龙头企业等市场主体作用，建立健全产业到户到人的精准扶持机制，每个贫困县建成一批脱贫带动能力强的特色产业，每个贫困乡、村形成特色拳头产品，贫困人口劳动技能得到提升，贫困户经营性、财产性收入稳定增加。

（二）着力调整种养业结构，选择具有比较优势、市场前景好、能够直接带动贫困农户增收的特色产业予以重点扶持。积极推广农、林及畜禽良种工程；实施农作物、林果、畜牧、水产示范项目；推行农产品标准化和无害化生产；推广农业机械应用和农作物高产优质栽培技术；加快推进农产品精深加工与转化增值，推动传统农业向现代农业转变，形成“绿色、特色、优质”主导产业优势和规模优势都比较突出的农村产业化扶贫格局。

（三）与优势农产品产业基地建设相配套，培育农村产业化龙头企业，建设一批农产品加工企业、农贸批发市场，配套建立产业服务体系、无公害标准化体系、科技服务推广中心等。

（四）构建以龙头企业为支柱、特色产品为主导、精品服务为支撑的农村产业化经营体系。

四、实现路径

根据《国务院“十三五”脱贫攻坚规划》《中共中央　国务院关于实施乡村振兴战略的意见》以及中共中央、国务院印发《国家乡村振兴战略规划(2018—2022年)》的规定,党中央、国务院部署的产业扶贫可归纳为七项重点任务。这七项任务既指明了产业扶贫实现路径,亦指明了农村产业化发展方向。

(一)发展农林产业

一是优化发展种植业。粮食主产县要大规模建设集中连片、旱涝保收、稳产高产、生态友好的高标准农田,巩固提升粮食生产能力。非粮食主产县要大力调整种植结构,建设一批贫困人口参与度高、受益率高的种植基地。大力发展设施农业,积极支持园艺作物标准化创建。适度发展高附加值的特色种植业。生态退化地区要坚持生态优先,发展低耗水、有利于生态环境恢复的特色作物种植。

二是积极发展养殖业。因地制宜在贫困地区发展适度规模标准化养殖,加强动物疫病防控工作,建立健全畜禽水产良种繁育体系,加强地方品种保护与利用,发展地方特色畜牧业。通过实施退牧还草等工程和草原生态保护补助奖励政策,提高饲草供给能力和质量。积极推广适合贫困地区发展的农牧结合、粮草兼顾、生态循环种养模式。有序发展健康水产养殖业,推进综合种养工程,发展环保型养殖方式,打造区域特色水产生态养殖品牌。

三是大力发展林产业。结合国家生态建设工程,因地制宜大力推进木本油料、特色林果、林下经济、花卉等产业发展,打造一批特色示范基地,带动贫困人口脱贫致富。扶持发展以干鲜果品、速生丰产林、松脂等为原料的林产品加工业。

四是加大农林技术推广和培训力度。强化基层农业技术推广体系建设。支持农业科研机构、技术推广机构建立互联网信息帮扶平台,向贫困户免费传授技术、提供信息。实施农村实用人才带头人和大学生村官示范培训,加大对脱贫致富带头人、驻村工作队和大学生村官培养力度。对农村贫困家庭劳动力进行农林技术培训，确保有劳动力的贫困户中至少有1名成员掌握一项实用技术。

（二）发展旅游业

一是因地制宜发展乡村旅游。建立乡村旅游扶贫工程重点村名录。以具备发展乡村旅游条件的建档立卡贫困村为乡村旅游扶贫重点，推进旅游基础设施建设，实施乡村旅游扶贫重点工程（乡村旅游后备箱工程、旅游基础设施提升工程等），打造精品旅游线路，安排贫困人口旅游服务能力培训和就业。

二是大力发展休闲农业。依托贫困地区特色农产品、农事景观及人文景观等资源，发展休闲农业和森林休闲健康养生产业。加强休闲农业聚集村、休闲农业园等配套服务设施建设。培育扶持休闲农业新型经营主体，促进农业与旅游观光、健康养老等产业深度融合。引导和支持社会资本开发农民参与度高、受益面广的休闲农业项目。

三是积极发展特色文化旅游。打造一批辐射带动贫困人口就业增收的风景名胜区、特色小镇，实施特色民族村镇和传统村落、历史文化名镇名村保护与发展工程。依托当地民族特色文化、红色文化、乡土文化和非物质文化遗产，大力发展贫困人口参与并受益的传统文化展示表演与体验活动等乡村文化旅游。开展非物质文化遗产生产性保护，鼓励民族传统工艺传承发展和产品生产销售。坚持创意开发，推出具有地方特点的旅游商品和纪念品，发展家庭手工旅游产品。

（三）发展电商业

一是培育电子商务市场主体。发挥大型电商企业孵化带动作用，支持有意愿的贫困户和带动贫困户的农民专业合作社开办网上商店，鼓励引导电商和电商平台企业开辟特色农产品网上销售平台，与合作社、种养大户建立直采直供关系。加快物流配送体系建设，鼓励邮政、供销合作等系统在贫困乡村建立和改造服务网点，引导电商平台企业拓展农村业务。

二是对贫困户通过电商平台创业就业的，政府鼓励电商企业免费提供网店设计、推介服务和经营管理培训，给予网络资费补助和小额信贷支持。

三是改善农村电子商务发展环境。加强交通、商贸流通、供销合作、邮政等部门及大型电商、快递企业信息网络共享衔接，鼓励多站合一、服务同网。加快推进适应电子商务的农产品质量标准体系和可追溯体系建设以及分等分级、包装运输标准制定和应用。

（四）扩大资产资源收益

一是鼓励和引导贫困户将已确权登记的土地承包经营权入股企业、合作社、家庭农（林）场与新型经营主体形成利益共同体，分享经营收益。积极推进农村集体资产、集体所有的土地等资产资源使用权作价入股，形成集体股权并按比例量化到农村集体经济组织。

二是财政扶贫资金、相关涉农资金和社会帮扶资金投入设施农业、养殖、光伏、水电、乡村旅游等项目形成的资产，可折股量化到农村集体经济组织，优先保障丧失劳动能力的贫困户。

三是创新水电、矿产资源开发占用农村集体土地的补偿补助方式。开展资源开发资产收益扶贫改革试点，形成可复制、可推广的模式和制度在贫困地区推广，让贫困人口分享资源开发收益。

（五）壮大科技支撑

一是促进科技成果向贫困地区转移转化。组织高等学校、科研院所、企业等开展技术攻关，解决贫困地区产业发展和生态建设关键技术问题。围绕全产业链技术需求，加大贫困地区新品种、新技术、新成果的开发、引进、集成、试验、示范力度，鼓励贫困县建设科技成果转化示范基地，围绕支柱产业转化推广先进适用技术成果。

二是提高贫困人口创新创业能力。实施边远贫困地区、边疆民族地区和革命老区人才支持计划科技人员专项计划，引导支持科技人员与贫困户结成利益共同体，创办、领办、协办企业和农民专业合作社，带动贫困人口脱贫。加强乡村科普工作，为贫困群众提供线上线下、点对点、面对面的培训。

三是加强贫困地区创新平台载体建设。支持贫困地区建设一批“星创天地”、科技园区等科技创新载体。通过“科技园区＋贫困村＋贫困户”的方式带动贫困人口脱贫。推动高等学校新农村发展研究机构在贫困地区建设一批农村科技服务基地。

（六）促进产业融合发展

一是推进农业与旅游、文化、健康养老等产业深度融合，加快形成农村一二三产业融合发展的现代产业体系。

二是积极发展特色农产品加工业，扩大贫困地区农产品产地初加工补助政策实施区域，加强农产品加工技术研发、引进、示范和推广。引导农产品加工业向贫困地区县域、重点乡镇和产业园区集中。

三是打造产业集群。推动农产品批发市场、产地集配中心等流通基础设施以及鲜活农产品冷链物流设施建设，促进跨区域农产品产销衔接。

四是积极培育品牌特色农产品。加快发展无公害农产品、绿色食品、有机农产品和地理标志农产品。

（七）培育新型经营主体

培育壮大贫困地区农民专业合作社、龙头企业、种养大户、家庭农（林）场、股份制农（林）场等新型经营主体，支持发展产供直销，鼓励采取订单帮扶模式对贫困户开展定向帮扶，提供全产业链服务。支持各类新型经营主体通过土地托管、土地流转、订单农业、牲畜托养、土地经营权股份合作等方式，与贫困村、贫困户建立稳定的利益联结机制，使贫困户从中直接受益。

第二章

产业扶贫与乡村振兴战略

导读 乡村振兴战略是以习近平同志为核心的党中央对“三农”工作作出的重大决策部署。

本章重点介绍在乡村振兴战略背景下，产业扶贫作为一项脱贫攻坚的重要措施的重要性，以及产业扶贫所需要的发展环境及保障。

第一节　乡村振兴战略的基本概念及重大意义

一、基本概念

乡村振兴战略是以习近平同志为核心的党中央着眼党和国家事业全局，深刻把握现代化建设规律和城乡关系变化特征，顺应亿万农民对美好生活的向往，对“三农”工作作出的重大决策部署，是决胜全面建成小康社会、全面建设社会主义现代化国家的重大历史任务，是新时代做好“三农”工作的总抓手。

2018 年 1 月 2 日，《中共中央　国务院关于实施乡村振兴战略的意见》得以发布。

《中共中央　国务院关于实施乡村振兴战略的意见》指出，按照产业兴旺、生态宜居、乡风文明、治理有效、生活富裕的总要求，建立健全城乡融合发展体制机制和政策体系，统筹推进农村经济建设、政治建设、文化建设、社会建设、生态文明建设和党的建设，加快推进乡村治理体系和治理能力现代化，加快推进农业农村现代化，走中国特色社会主义乡村振兴道路，让农业成为有奔头的产业，让农民成为有吸引力的职业，让农村成为安居乐业的美丽家园。

二、总体要求与战略阶段

乡村振兴战略的总体要求是“产业兴旺、生态宜居、乡风文明、治理有效、生活富裕”。

乡村振兴战略的目标任务分三个阶段实现：到2020年，乡村振兴取得重要进展，制度框架和政策体系基本形成。农业综合生产能力稳步提升，农业供给体系质量明显提高，农村一二三产业融合发展水平进一步提升；农民增收渠道进一步拓宽，城乡居民生活水平差距持续缩小；现行标准下农村贫困人口实现脱贫，贫困县全部摘帽，解决区域性整体贫困；农村基础设施建设深入推进，农村人居环境明显改善，美丽宜居乡村建设扎实推进；城乡基本公共服务均等化水平进一步提高，城乡融合发展体制机制初步建立；农村对人才吸引力逐步增强；农村生态环境明显好转，农业生态服务能力进一步提高；以党组织为核心的农村基层组织建设进一步加强，乡村治理体系进一步完善；党的农村工作领导体制机制进一步健全；各地区各部门推进乡村振兴的思路举措得以确立。到2035年，乡村振兴取得决定性进展，农业农村现代化基本实现。农业结构得到根本性改善，农民就业质量显著提高，相对贫困进一步缓解，共同富裕迈出坚实步伐；城乡基本公共服务均等化基本实现，城乡融合发展体制机制更加完善；乡风文明达到新高度，乡村治理体系更加完善；农村生态环境根本好转，美丽宜居乡村基本实现。到2050年，乡村全面振兴，农业强、农村美、农民富全面实现。

三、重大意义

（一）深远的历史意义

从党的十九大到党的二十大，是实现两个100年奋斗目标的历史交汇期，既要全面建成小康社会，实现第一个100年奋斗目标，又要开启全面建设社会主义现代化国家新征程，向第二个100年奋斗目标进军。我国社会主义初级阶段的特征很大程度上表现在乡村，实施乡村振兴战略是实现两个100年奋斗目标和中华民族伟大复兴中国梦的必然要求，具有深远的历史意义。

（二）重大的现实意义

乡村是具有自然、社会、经济特征的地域综合体，兼具生产、生活、生态、文化等多重功能，与城镇互促互进、共生共存，共同构成人类活动的主要空间。人民日益增长的美好生活需要和不平衡不充分的发展之间的矛盾在乡村最为突出。乡村兴则国家兴，乡村衰则国家衰。

农业是国民经济的基础，农村经济是现代化经济体系的重要组成部分，全面建成小康社会和全面建设社会主义现代化强国，最艰巨最繁重的任务在农村，最广泛最深厚的基础在农村，最大的潜力和后劲也在农村。实施乡村振兴战略有利于增强现代化经济体系的重要基础作用。

（三）精深的战略意义

乡村振兴，产业兴旺是重点。深化农业供给侧结构性改革，构建现代农业产业体系、生产体系、经营体系，促进农村一二三产业深度融合发展，推动农业从增产导向转向提质导向，有利于增强农业创新力和竞争力，为建设现代化经济体系奠定坚实基础。

乡村振兴，生态宜居是关键。农业是生态产品的重要供给者，乡村是生态涵养的主体区，生态是乡村最大的发展优势。实施乡村振兴战略，统筹山水林田湖草系统治理，加快推行乡村绿色发展方式，加强农村人居环境整治，有利于构建人与自然和谐共生的乡村发展新格局，实现百姓富、生态美的统一。

乡村振兴，乡风文明是保障。中华文明根植于农耕文化，乡村是中华文明的基本载体。深入挖掘农耕文化蕴含的优秀思想观念、人文精神、道德规范，结合时代要求在保护传承的基础上创造性转化、创新性发展，有利于在新时代焕发出乡风文明的新气象，进一步丰富和传承中华优秀传统文化。

乡村振兴，治理有效是基础。社会治理的基础在基层，薄弱环节在乡村。加强农村基层基础工作，健全乡村治理体系，确保广大农民安居乐业、农村社会安定有序，有利于打造共建共治共享的现代社会治理格局，推进国家治理体系和治理能力现代化。

乡村振兴，生活富裕是根本。农业强不强、农村美不美、农民富不富，关乎亿万农民的获得感、幸福感、安全感，关乎全面建成小康社会全局。全面改善农村生产生活条件，带领贫困群众脱贫致富，不断拓宽农民增收渠道，促进社会公平正义，有利于增进农民福祉，让全体农民走上共同富裕的道路。

第二节　乡村振兴战略框架下的产业扶贫

一、脱贫攻坚是乡村振兴的重要基础

脱贫攻坚与乡村振兴具有战略连续性和继续性。脱贫攻坚的总体目标是，到 2020 年现行标准下农村贫困人口全部脱贫，贫困村、贫困县全部摘帽。乡村振兴的总体要求是“产业兴旺、生态宜居、乡风文明、治理有效、生活富裕”。乡村振兴战略的目标任务分三个阶段实现：到 2020 年，乡村振兴制度框架和政策体系基本形成。农业综合生产能力稳步提升，农业供给体系质量明显提高，农村一二三产业融合发展水平进一步提升；农民增收渠道进一步拓宽，城乡居民生活水平差距持续缩小；现行标准下农村贫困人口实现脱贫，贫困县全

部摘帽，解决区域性整体贫困。到2035年，乡村振兴取得决定性进展，农业农村现代化基本实现。城乡基本公共服务均等化基本实现，城乡融合发展体制机制更加完善；乡风文明达到新高度，乡村治理体系更加完善；农村生态环境根本好转，美丽宜居乡村基本实现。到2050年，乡村全面振兴，农业强、农村美、农民富全面实现。

打赢脱贫攻坚战和实施乡村振兴战略都肩负着两个100年奋斗目标所赋予的政治使命。在战略部署和决胜标志上，脱贫攻坚是乡村振兴的战略前提，乡村振兴是脱贫攻坚的战略延伸。只有确保到2020年我国现行标准下农村贫困人口实现脱贫，贫困村、贫困县全部摘帽，解决区域性整体贫困，做到脱真贫、真脱贫，继而走中国特色社会主义乡村振兴道路，才能让农业成为有奔头的产业，让农民成为有吸引力的职业，让农村成为安居乐业的美丽家园；只有通过推动农业全面升级、农村全面进步、农民全面发展，才能谱写新时代乡村全面振兴新篇章。

二、产业扶贫是脱贫攻坚的重要措施

精准脱贫的关键在于扶持对象精准、项目安排精准、资金使用精准、措施到户精准、因村派人精准、脱贫成效精准，其精髓在于精准识别与精准施策。精准识别在于解决“扶持谁”的问题，精准施策在于解决“怎么扶”的问题。《国务院“十三五”脱贫攻坚规划》指出，产业扶贫要精准到“每个贫困县建成一批脱贫带动能力强的特色产业，每个贫困乡、村形成特色拳头产品”，才能保证“贫困人口劳动技能得到提升，贫困户经营性、财产性收入稳定增加”。中共中央、国务院印发《乡村振兴战略规划（2018—2022年）》指出，推进贫困村基础设施和公共服务设施建设，培育壮大集体经济，培育提升贫困群众发展生产和务工经商的基本能力；实施产业兴村强县行动，培育农业产业强镇，打造一乡一业、一村一品的发展格局。

精准脱贫重要扶持措施的导向是发展产业和转移就业扶持一批，易地搬迁安置一批，结合生态环境保护脱贫一批，教育扶贫脱贫一批，低保政策兜底一批，产业扶贫摆在首要位置，成为精准脱贫重要扶持措施的重中之重。培育壮大集体经济，培育提升贫困群众发展生产和务工经商的基本能力，采取“一村一策、一户一业”的产业扶贫措施，有利于充分挖掘农村特色资源，选准适应农村资源优势的特色产业发展模式，创新乡村特色产业体系，继而精准实现农村脱贫、农民致富。

三、产业扶贫是乡村振兴的重要支撑

中共中央、国务院印发《乡村振兴战略规划（2018—2022年）》指出，发展壮大乡村产业，以完善利益联结机制为核心，以制度、技术和商业模式创新为动力，推进农村一二三产业交叉融合，加快发展根植于农业农村、由当地农民主办、彰显地域特色和乡村价值的产业体系，推动乡村产业全面振兴。

产业扶贫发展为新型乡村产业体系的空间十分广阔。一方面，产业扶贫的发展与农村脱贫、农民致富、城乡融合、质量兴农、乡村基础设施建设、乡村公共服务改善、乡村绿色发展、乡村文化建设、乡村综合治理等共同构筑了乡村振兴道路；另一方面，只有实现乡村振兴战略确定的目标任务，乡村振兴战略规划才能够圆满完成；而产业扶贫的发展将乡村振兴战略的思想和原则融入具体的计划和行动，通过与乡村振兴战略的有机衔接，奠定了乡村振兴的物质基础，为乡村振兴提供了重要支撑。

产业扶贫所形成的扶贫产业必然巩固发展为新型乡村产业体系的重要部分。党的十八大以来，农业农村发展取得历史性成就，

发生历史性变革，农业供给侧结构性改革取得新进展，农村改革取得新突破，城乡发展一体化迈出新步伐，为打赢脱贫攻坚战提供了有力支撑。同时仍然存在诸多矛盾：农业农村基础差、底子薄、发展滞后的状况尚未根本改变，经济社会发展中最明显的短板仍然在“三农”，现代化建设中最薄弱的环节仍然是农业农村。农产品阶段性供过于求和供给不足并存，农村一二三产业融合发展深度不够，农业供给质量和效益亟待提高，农民适应生产力发展和市场竞争的能力不足，农村人才匮乏，基础设施建设仍然滞后，环境和生态问题比较突出，乡村发展整体水平亟待提升，农村基本公共服务和收入水平差距仍然较大等。

产业扶贫是脱贫攻坚的尖兵，是乡村振兴的主力。从新农村建设、美丽乡村建设，到实施乡村振兴战略；从以工补农、以城带乡、城乡统筹、城乡发展一体化，到乡村全面振兴；从产业扶贫、就业扶贫、异地搬迁扶贫、结合生态环境保护扶贫等，到产业兴旺、生态宜居、乡风文明、治理有效、生活富裕的美丽农村，既体现了产业扶贫的发展过程，也展示了产业扶贫的发展成效，增强了产业扶贫的质量及其融入新型乡村产业体系的可持续性。

第三节　产业扶贫的发展环境及保障

一、发展环境

（一）中国乡村发展正处于大变革、大转型的关键时期。城乡居民消费结构加快升级，中高端、多元化、个性化消费需求快速增长，农业由增产导向转向提质导向成为必然趋向。城市辐射带动农村的能力进一步增强，迫切需要重塑城乡关系。乡村之间差异性、多样性仍将延续，乡村的独特价值和多元功能将进一步得到发掘和拓展。应对好村庄空心化和农村老龄化、延续乡村文化血脉、完善乡村治理体系的任务艰巨且长远。

（二）国家乡村振兴战略规划坚持乡村振兴和新型城镇化双轮驱动，从城乡融合发展和优化乡村内部生产生活生态空间两个方面，明确了国家经济社会发展过程中乡村的新定位，提出了重塑城乡关系、促进农村全面进步的新路径和新要求。

（三）产业扶贫的发展围绕脱贫攻坚、乡村振兴大局，抓住机遇，迎接挑战，发挥优势，顺势而为，开创了以农业农村农民为轴心的产业发展新局面，推动产业升级、管理加强、效益增长，谱写产业扶贫发展新篇章。一是加快融入城乡融合的新型乡村产业体系，拓展产业扶贫的发展空间格局。二是优化产业发展布局，坚持人口资源环境相均衡、经济社会生态效益相统一，延续人与自然有机融合的空间关系。三是运用城乡融合发展政策体系，推动城乡要素自由流动、平等交换，为产业发展注入新动能。四是把脱贫攻坚作为优先任务，把提高脱贫质量放在首位，推动脱贫攻坚与乡村振兴有机结合相互促进。

二、总体任务和重点任务

（一）产业扶贫的发展必须按照产业兴旺、生态宜居、乡风文明、治理有效、生活富裕的总要求，确定总体任务。一是以农业供给侧结构性改革为主线，促进乡村产业兴旺；坚持质量兴农、品牌强农，构建现代农业产业体系、生产体系、经营体系，助力乡村产业振兴。二是以践行“绿水青山就是金山银山”的理念为遵循，促进乡村生态宜居、山水林田湖草系统治理，加快转变生产生活方式，推动乡村生态振兴。三是建立以社会主义核心价值观为引领，促进乡村乡风文明的产业发展理念，传承发展乡村优秀传统文化，培育文明乡风、良好家风、淳朴民风，建设邻里守望、诚信重礼、勤俭节约的文明乡村，推动乡村文化振兴。四是服务于构建农村基层党组织为核心、自治法治德治“三治结合”的现代乡村社会治理体系，促进乡村治理有效；助力党委领导、政府负责、社会协同、公众参与、法治保障的现代乡村社会治理体制，推动乡村组织振兴，打造充满活力、和谐有序的善治乡村。五是以确保实现全面小康为目标，促进乡村生活富裕；加快补齐农村民生短板，让农民群众有更多实实在在的获得感、幸福感、安全感。

（二）农业强不强、农村美不美、农民富不富，既标志着农民的幸福感、获得感、安全感，也标志着产业扶贫的质量。坚持把维护农民根本利益、促进农民共同富裕作为出发点和落脚点，应当是产业扶贫的重点任务。

（三）农村人居环境整治工作是实现乡村振兴的“第一场硬仗”。据农业农村部 2018 年数据显示，全国还有近四分之一的村生活垃圾没有得到收集和处理，使用无害化卫生厕所的农户比例还不到一半，80%的村庄生活污水没有得到处理，约三分之一的行政村村内道路没有实现硬化。行路难、如厕难、环境脏、村容村貌差、基本公共服务落后等问题都还比较突出，影响了农民群众的获得感、幸福感。乡村振兴战略规划提出以建设美丽宜居村庄为导向，以农村垃圾、污水治理和村容村貌提升为主攻方向，制定了农村垃圾治理、农村生活污水治理、厕所革命、乡村绿化、乡村水环境治理和宜居宜业美丽乡村建设六项重大行动。这六项重大行动所蕴含的机遇，同样蕴含着相当一段时期产业扶贫的重点任务，并与加强农村基础设施建设、改善农村生产生活条件、加快提升农村劳动力就业质量、增加农村公共服务有效供给等一道，拓展乡村产业发展的辽阔空间。

三、重要保障

（一）坚持党的领导

产业扶贫坚持中央统筹、省负总责、市县抓落实的工作机制，坚持党政一把手是第一责任人、五级书记抓乡村振兴工作要求，保障产业扶贫成为乡村振兴的共同行动。

（二）强化规划引领

编制产业扶贫专项规划或者方案，融入城乡融合、区域一体、多规合一的乡村振兴战略规划体系。

（三）保障资金供给

完善政府主导、社会参与、拓展农民投资入股形式的资金注入格局。建立财政专项扶贫资金投入增长机制，建立产业扶贫项目库，保证资金到项目、核算到项目、成效到项目。

（四）尊重农民意愿

切实激发农民主体作用，避免代替农民选择，形成农民群策群力、共建共享的乡村振兴局面。

（五）注重分类施策

顺应乡村发展规律和演变趋势，按照集聚提升、融入城镇、特色保护、搬迁撤并的思路分类推进。

（六）把握节奏力度

坚持稳中求进工作总基调，谋定而后动，避免一哄而上、急于求成、层层加码，避免过度举债、强迫命令和“一刀切”，避免搞形象工程“堆盆景”。

第三章

产业扶贫法律服务实务与风险防范

导读 作为一种"造血式"扶贫方式,产业扶贫涉及招商引资、合作模式等问题。风险防控,便是题中应有之义。

本章重点介绍产业扶贫项目招商引资、采购招标、合同模式设计、土地供应、项目公司运作、资金管理等环节风险防范问题和相关案例。

第一节　招商引资与风险防范

产业扶贫作为脱贫攻坚的根本出路，是实现“输血式”扶贫向“造血式”扶贫的重要抓手。然而，产业扶贫不同于其他扶贫方式，其中涉及的利益主体多、风险环节多、不可控因素大，首当其冲的风险就是项目实施主体选择的风险。需要政府加强引导，加强风险防范，考虑产业特点和投资回报率，建立健全收益分配机制，兼顾各方利益。加强风险管控，防止系统性风险。产业扶贫项目实施主体广义上包括企业、带头大户、村集体经济组织、专业合作社等经营主体，本文主要针对企业讨论分析。

根据全国各地贫困地区产业扶贫实践，本文认为产业扶贫项目招商引资作为一项政策性、法律性很强的工作，主要面临“招商难”“监督难”两大方面的问题，即项目落地前招商引资和项目落地后履约监管两大阶段的问题。

一、“招商难”的问题

贫困地区大多自然条件差、经济基础弱、贫困程度深、缺乏专业技术人才，历史欠债大，如何在贫困地区因地制宜发展扶贫产业，又好又快地选择好的项目实施主体确实考验着当地政府的招商能力、选商能力。实践中，产业扶贫项目落地前招商引资过程中突出问题有以下几个方面：

（一）脱离当地实际招商引资

一方面，表现为脱离当地县域县情，盲目定位，动辄要求引进企业属于上市公司五百强、全行业排名前三的龙头企业，而不顾当地的产业环境、市场环境、经济基础等客观条件，往往造成“引不来”“谈不拢”的结果。另一方面，忽略引进企业和扶贫产业的关联度。这里面突出反映的问题有两点，一是有些地方只求企业大，不管企业适不适合本地推荐的产业项目，囫囵吞枣把企业引进来，大干快上盲目推项目。二是脱离当地产业实际，发展同质化的产业。贫困地区一般集中成片，在产业扶贫实践中，因为招商难的问题，有些地方看着相邻县市引进了一个好项目、好企业，就想方设法、提供各种优惠条件把企业拉到本地发展同质化的产业或者盲目扩大规模，而忽略了产业关联度、市场的饱和度。在广大农村，俗话说“十里不同音，百里不同俗”，很多类似产业扶贫项目最终因水土不服而失败收场，也因同质化竞争原因影响到了相邻县市产业健康发展。

（二）不重视企业资信能力考察

上文提到，一些地方不切实际定位选商标准，遇到选商难的问题，但并不是说不重视招商引资企业的资信能力，再好的扶贫项目企业在资金、管理、技术、市场等方面跟不上，也是难以为继、不可持续的。虽然各地方都懂这个道理，各类文件上也是这样规定的，要求重视企业资信能力考察。但在实践中，很多地方在扶贫任务面前往往对企业资信实力的考察走过场、变了形，把前来发展扶贫产业的企业当作脱贫攻坚的“救命稻草”，无论能力大小、条件是否具备，就赶着上项目、投产业，最后出现“两败俱伤”的局面。当然其中也不乏存在一些腐败和利益输送的问题，不在本节讨论范围。

规范指引：

《关于做好财政支农资金支持资产收益扶贫工作的通知》规定：严格选好实施主体。各地要选择治理结构完善、财务管理健全、经营状况良好、经济实力较强、乐于扶贫助困且诚信守约的企业、村集体经济组织、农民合作社等新型农业经营主体，作为资产收益扶贫的实施主体。完善选择实施主体的民主决策机制，对于在村级开展的资产收益扶贫，可由村民通过"一事一议"的形式确定实施主体，贫困村第一书记、驻村干部应积极参与议事讨论并加强指导。属于政府采购、招投标管理范围的，执行相关法律、法规及制度规定。

（三）政府违法违规提供承诺问题

在产业扶贫实践中，一些贫困地区为实现招商引资、发展产业的目的，往往在招商引资过程中，在政策、法律规定范围外，超越职权范围给企业做出各种各样的承诺、优惠条件，但在项目执行过程中常常遇到执行不下去或执行了被问纪追责的法律风险、行政责任，造成与企业之间的法律纠纷，应该引起政府和企业高度重视的问题。具体表现在以下几个方面：

1. 违法违规提供土地的问题

产业扶贫项目的实施一般都会涉及占用土地的问题，在产业扶贫工业园区内的产业，一般涉及国用土地的使用问题；在贫困村镇一般会涉及农用地的使用问题。实践中，在国有土地使用权供应方面，有些地方政府采取低价出租、定向招标、土地出让金先交后返等方式违规提供土地；在农用地流转方面，有些地方超越职权、越组代庖变相替农户与企业以租代征、承包经营等方式签订流转农村土地。例如一些土地租赁合同约定租赁期限30年、50年，造成国有土地或者农村集体土地的流失，损害国家利益、村集体利益、农户利益，容易引发社会矛盾、群众矛盾。

规范指引：

《土地管理法》

第二条 中华人民共和国实行土地的社会主义公有制，即全民所有制和劳动群众集体所有制。

全民所有，即国家所有土地的所有权由国务院代表国家行使。

任何单位和个人不得侵占、买卖或者以其他形式非法转让土地。土地使用权可以依法转让。

国家为了公共利益的需要，可以依法对土地实行征收或者征用并给予补偿。

国家依法实行国有土地有偿使用制度。但是，国家在法律规定的范围内划拨国有土地使用权的除外。

《农村土地承包法》

第十条 国家保护承包方依法、自愿、有偿流转土地经营权，保护土地经营权人的合法权益，任何组织和个人不得侵犯。

第三十八条 土地经营权流转应当遵循以下原则：

（一）依法、自愿、有偿，任何组织和个人不得强迫或者阻碍土地经营权流转；

（二）不得改变土地所有权的性质和土地的农业用途，不得破坏农业综合生产能力和农业生态环境；

（三）流转期限不得超过承包期的剩余期限；

(四)受让方须有农业经营能力或者资质;

(五)在同等条件下,本集体经济组织成员享有优先权。

2. 违法违规承诺优惠政策条件

在产业扶贫实践过程中,有的贫困地区政府违反《税收征收管理法》《企业所得税法》《预算法》《劳动合同法》《社会保险法》等法律法规规定,在企业所得税、财政补贴、财政奖励、劳动用工、资源配套等方面违法违规向企业做出优惠政策条件承诺,最终因无法兑现承诺、承诺无效或被审计追责影响到与企业投资合作。例如,我们在实践中就发现,有些企业为降低企业劳动用工成本,就想利用贫困地区劳动力相对廉价的优势,在与当地政府签订的产业扶贫投资协议以及与当地劳动者签订的劳动合同中:诸如约定劳动者每月固定工资500元(低于用人单位所在地的最低工资标准),用工期间不给员工缴纳社会保险等明显违法《劳动合同法》规定的合同条款,损害劳动者的合法权益。

规范指引:

《税收征收管理法》

第三条 税收的开征、停征以及减税、免税、退税、补税,依照法律的规定执行;法律授权国务院规定的,依照国务院制定的行政法规的规定执行。

任何机关、单位和个人不得违反法律、行政法规的规定,擅自作出税收开征、停征以及减税、免税、退税、补税和其他同税收法律、行政法规相抵触的决定。

第八十四条 违反法律、行政法规的规定,擅自作出税收的开征、停征或者减税、免税、退税、补税以及其他同税收法律、行政法规相抵触的决定的，除依照本法规定撤销其擅自作出的决定外，补征应征未征税款，退还不应征收而征收的税款，并由上级机关追究直接负责的主管人员和其他直接责任人员的行政责任；构成犯罪的，依法追究刑事责任。

《企业所得税法》

第二十九条 民族自治地方的自治机关对本民族自治地方的企业应缴纳的企业所得税中属于地方分享的部分，可以决定减征或者免征。自治州、自治县决定减征或者免征的，须报省、自治区、直辖市人民政府批准。

《预算法》

第三十二条第二款 各级政府依据法定权限作出决定或者制定行政措施，凡涉及增加或者减少财政收入或者支出的，应当在预算批准前提出并在预算草案中作出相应安排。

《劳动合同法》

第四条 用人单位应当依法建立和完善劳动规章制度，保障劳动者享有劳动权利、履行劳动义务。

用人单位在制定、修改或者决定有关劳动报酬、工作时间、休息休假、劳动安全卫生、保险福利、职工培训、劳动纪律以及劳动定额管理等直接涉及劳动者切身利益的规章制度或者重大事项时，应当经职工代表大会或者全体职工讨论，提出方案和意见，与工会或者职工代表平等协商确定。

在规章制度和重大事项决定实施过程中，工会或者职工认为不适当的，有权向用人单位提出，通过协商予以修改完善。

用人单位应当将直接涉及劳动者切身利益的规章制度和重大事项决定公示，或者告知劳动者。

第二十条 劳动者在试用期的工资不得低于本单位相同岗位最低档工资或者劳动合同约定工资的百分之八十，并不得低于用人单位所在地的最低工资标准。

第八十五条 用人单位有下列情形之一的，由劳动行政部门责令限期支付劳动报酬、加班费或者经济补偿；劳动报酬低于当地最低工资标准的，应当支付其差额部分；逾期不支付的，责令用人单位按应付金额百分之五十以上百分之一百以下的标准向劳动者加付赔偿金：

（一）未按照劳动合同的约定或者国家规定及时足额支付劳动者劳动报酬的；

（二）低于当地最低工资标准支付劳动者工资的；

（三）安排加班不支付加班费的；

（四）解除或者终止劳动合同，未依照本法规定向劳动者支付经济补偿的。

《社会保险法》

第四条 中华人民共和国境内的用人单位和个人依法缴纳社会保险费，有权查询缴费记录、个人权益记录，要求社会保险经办机构提供社会保险咨询等相关服务。

个人依法享受社会保险待遇，有权监督本单位为其缴费情况。

第五十八条第一款 用人单位应当自用工之日起三十日内为其职工向社会保险经办机构申请办理社会保险登记。未办理社会保险登记的，由社会保险经办机构核定其应当缴纳的社会保险费。

第六十条 用人单位应当自行申报、按时足额缴纳社会保险费，非因不可抗力等法定事由不得缓缴、减免。职工应当缴纳的社会保险费由用人单位代扣代缴，用人单位应当按月将缴纳社会保险费的明细情况告知本人。

3. 违法违规提供担保的问题

根据我国法律规定，国家机关不得违反法律的规定对外提供担保。在实践中，有些地方急于发展扶贫产业，好不容易引进一家企业，为解决企业资金问题快速上马项目，在企业融资或者引导贫困户入户资金入股企业的过程中，政府以“担保函”“承诺函”“协调解决函”等直接或间接形式向金融机构、贫困户提供担保。一旦产业扶贫项目受挫或资金链断裂，政府就面临两难境地，一是产业扶贫目的不能实现；二是面对大量贫困户入户资金的损失，贫困户肯定会找政府要说法、讨损失，稍微解决不好就容易引发信访等群体事件，社会影响恶劣，损害政府公信力。

规范指引：

《担保法》

第五条 担保合同是主合同的从合同，主合同无效，担保合同无效。担保合同另有约定的，按照约定。

担保合同被确认无效后，债务人、担保人、债权人有过错的，应当根据其过错各自承担相应的民事责任。

第八条 国家机关不得为保证人，但经国务院批准为使用外国政府或者国际经济组织贷款进行转贷的除外。

《最高人民法院关于适用〈中华人民共和国担保法〉若干问题的解释》

第三条 国家机关和以公益为目的的事业单位、社会团体违反法律规定提供担保的，担保合同无效。因此给债权人造成损失的，应当根据担保法第五条第二款的规定处理。

《预算法》

第三十五条 地方各级预算按照量入为出、收支平衡的原则编制，除本法另有规定外，不列赤字。

经国务院批准的省、自治区、直辖市的预算中必需的建设投资的部分资金，可以在国务院确定的限额内，通过发行地方政府债券举借债务的方式筹措。

举借债务的规模，由国务院报全国人民代表大会或者全国人民代表大会常务委员会批准。省、自治区、直辖市依照国务院下达的限额举借的债务，列入本级预算调整方案，报本级人民代表大会常务委员会批准。

举借的债务应当有偿还计划和稳定的偿还资金来源，只能用于公益性资本支出，不得用于经常性支出。

除前款规定外，地方政府及其所属部门不得以任何方式举借债务。

除法律另有规定外，地方政府及其所属部门不得为任何单位和个人的债务以任何方式提供担保。

国务院建立地方政府债务风险评估和预警机制、应急处置机制以及责任追究制度。

国务院财政部门对地方政府债务实施监督。

(四)政府角色定位不清问题

政府作为市场的监管主体，在产业扶贫项目中，主要发挥引导、协调、监管的作用，真正的合同主体一般在企业、合作社和农户之间。然而实践中，大量的招商引资企业由于对合作社、农户不放心，总想着把政府要捆绑在一起，便于要条件、协调解决问题，在本应该由企业和合作社、农户签订的合同中，纷纷要求与政府签订产业投资协议或者作为协议主体的一方。政府为顺利招商，有意无意地作为了合同当事人，或者说不得已地作为了合同当事人，结果在合同中常常出现违反“合同相对性”“超越职权”“责权不清”“错位越位”等条款。在合同履行过程中，因合同关系不清楚、理不顺很容易产生争议和法律纠纷，造成“合同僵局”的局面，对合同签订主体各方都不利，政府还面临违约责任的法律风险。

典型案例：

2019 年年初，某深度贫困县引进了本省一家知名麻鸭企业，按照双方达成的合作模式，麻鸭企业在该县投资 2500 万元建设麻鸭基地，年产 60 万只。甲方负责引导本地贫困户按照成本价向乙方购买麻鸭禽苗，乙方提供技术指导、科学饲养，待麻鸭禽苗饲养达到出售条件后，乙方负责保底进行收购。按照上述合作模式，应当由贫困户或者贫困户组成的专业合作社与麻鸭企业签订《麻鸭采购保底收购协议》。但实际上，该项目在前期，直接由该县人民政府作为贫困户、合作社一方的角色与麻鸭企业签订了《麻鸭产业扶贫项目合作协议书》，协议中对各方权利义务、麻鸭企业基地建设、保底收购价格、保证金、违约责任等做了明确约定，乙方按照协议书约定向该县交付了保证金200万元，并投资2500万元完成了基地建设。

然而，基地建成后，政府在引导贫困户与企业签订协议书的过程中，该县贫困户一方面认为麻鸭养殖风险大，另一方面认为保底收购价格过低，纷纷不愿意投资进行麻鸭养殖，截至2019年6月，该基地仍未投产运行。因协议签订主体为该县人民政府，麻鸭企业一直给政府施压、谈判，要求政府履行协议，赔偿企业投资损失，造成政府工作非常被动，目前尚未解决纠纷。

（五）政府在合同中权利义务失衡的问题

合同应该是双方在平等协商的情况下签订，权利与义务应当相对公平对等。但在实践中，政府在产业扶贫招商时，一些企业苛刻要求政府在手续办理、环保审核、劳动力保障、用工管理、税费减免等方面给予特殊待遇，甚至有的企业还要求政府保证企业投资收益，而政府为了促成投资往往会一而再再而三的迁就企业，把本属于企业应当承担的合同义务、经营风险揽在自身身上。这就使政府与企业的权利与义务过分的倾斜、失衡，导致合同明显的显失公平，往往造成合同履行不能或履行不当的法律风险。

二、“监督难”的问题

上文中，我们对产业扶贫“招商难”的问题做了分析。本节，我们针对企业引进后，产业扶贫项目在实施过程中常常遇到的对企业“监督难”问题，进行讨论分析。总结得出，产业扶贫项目在实施过程中对企业“监督难”问题有以下几个方面：

（一）贫困户利益保障的问题

在产业扶贫项目中，贫困户往往通过资金入股、资产折股量化等方式投入到企业中，由于农户个体势单力薄、组织相对松散且参与经营管理意识淡薄、能力有限，一般由企业负责项目的经营管理工作，农户参与年度分红的利益分配机制。此种情形下，如何防止企业套取、骗取贫困户资产、资金，保障贫困户利益，是在产业扶贫项目实施过程中首要监督、解决的问题。

（二）企业建立“防火墙”的问题

实践中，为了解决项目在当地监督管理、财政税收、手续办理等方面的需要，一般政府都要求引进企业在项目所在地设立项目公司（具体实施主体）的方式组织实施。很多企业刚好借机通过设立项目公司的方式，给自身从法律层面建立了一道“防火墙”，摆脱了法律主体、合同义务方面的法律责任。然而，项目公司往往注册资本不高，且大多采取认缴制出资，资信能力和抗风险能力较弱，如何满足项目在实际履行过程中对企业管理、资金、技术、人才的需求，确保项目平稳健康运行，也是在产业扶贫项目实施过程中需要关注、监督的问题。

另外，在产业扶贫项目实施过程中，也要监督企业股权转让、法定代表人变更的问题。实践中，一些企业利用扶贫优惠政策和当下的火热市场，依靠产业扶贫项目赚上了钱，但一旦遇到优惠政策减弱或市场变化波动，企业抱着“捞一把就跑”的心态，立即通过转让股权、变更法定代表人等方式挖空公司、脱离项目、逃避责任，造成扶贫项目半路搁浅的风险，浪费当地资源、损害贫困户利益。

规范指引：

《公司法》

第三条 公司是企业法人，有独立的法人财产，享有法人财产权。公司以其全部财产对公司的债务承担责任。

有限责任公司的股东以其认缴的出资额为限对公司承担责任；股份有限公司的股东以其认购的股份为限对公司承担责任。

第二十六条 有限责任公司的注册资本为在公司登记机关登记的全体股东认缴的出资额。

法律、行政法规以及国务院决定对有限责任公司注册资本实缴、注册资本最低限额另有规定的，从其规定。

（三）合同履约监督问题

如前文分析，产业扶贫项目中，合同主体一般涉及企业、合作社、农户等主体，而合作社、农户的合同履约监督意识、监督能力偏弱，并不十分重视和关注合同约定内容、自身合同权利。因此，为确保扶贫项目又好又快的组织实施，如何对企业在认缴出资、投资强度、建设进度、扶贫资金使用、贫困户利益保障、违约责任追究等方面进行监督，督促企业全面履行合同义务，也是项目实施过程中所要面对和解决的现实问题。

三、扶贫项目招商引资法律风险防范

针对产业扶贫项目在招商引资过程中遇到的“招商难”“监督

难”的问题，可采用以下几个方面的法律风险防范措施：

（一）招商引资要讲究“门当户对”

贫困地区在发展扶贫产业的过程中，一是在招商引资方面，结合本地的经济条件、产业特色，对外招商引资，选择资信实力强、产业对口精准、管理专业规范，并真正愿意投身产业扶贫、帮助贫困户脱贫致富的“强、精、专”企业。二是加强产业引导和整体规划，紧扣区域独特资源与生态条件，突出区域特色和地方特色，打造“一村一品”优势品牌；坚持市场导向，瞄准现实需要，发展种植养殖业、林草业、农产品加工业、特色手工业、休闲农业和乡村旅游等特色支柱产业，通过不断延伸产业链和产业化经营，建立完整的特色产业链，提高特色产业整体竞争力，促进特色产业可持续发展，帮助贫困户脱贫致富。切忌脱离当地实际，盲目招商引资，发展同质化的扶贫产业。

典型案例：

下党村的“扶贫定制茶园”

下党村是福建省寿宁县下党乡的一个革命老区村。2013 年有 309 户 1341 人，当时村集体负债 7 万多元，32 户建档立卡贫困户都住在土坯房里。村基础设施相对滞后，通村道路坑坑洼洼，没有路灯，村里也不通网络和有线电视。从 2014 年 7 月开始，在福建省委组织部派驻下党村第一书记曾守福和村两委班子的带领下，下党村因地制宜，紧紧抓住茶叶这一传统产业，通过 开发“扶贫定制茶园”增产增收，同时带动农家乐发展，全村发生显著变化。2016 年，全村有 27 户贫困户脱贫。村民人均可支配收入从 2014 年的 4600 元增长到 11，000 元，村集体收入增长到2016年的22.3万元。

"扶贫定制茶园"就是将原来一家一户零散的种茶卖茶方式,提升为成立专业合作社组织村民按标准化程序科学种植并打造自有茶叶品牌、引入专业茶叶经营公司负责 项目推广和销售。具体做法:一是认购茶园。动员企业或企业家以每亩2万元的价格,与村里签订为期5年的茶园认购合同。茶园所有权仍归茶农,茶园在合同期内生产的茶叶归认购者所有,这解决了销售难的问题。二是创新管理。为了让企业家对自己"认购茶"的品质放心,下党村的茶园、茶厂安装了48个摄像头,并开发可视化预订系统和农产品可追溯系统,企业家可以通过手机APP随时看到茶园的管理、采摘和制作全过程。三是标准化生产。要求所有加入村合作社给茶厂提供茶叶的农户不能私自给茶叶打药、施肥,全部用村里统一购置并免费发放的有机肥。四是打造自有品牌。下党村注册的茶叶品牌"下乡的味道"正在产生品牌效应。村里的茶叶产业发展起来后,游客也纷至沓来,目前村里办起了6家宾馆、3家民宿、5家农家乐,带动20多名年轻人返乡创业。

(二)规范招商引资工作程序

根据《中共中央　国务院关于打赢脱贫攻坚战的决定》等文件要求,按照《土地管理法》《预算法》《企业所得税法》等法律、法规规定,结合本地县域条件,在国家政策、法律法规框架范围内,建立和规范招商引资工作程序、工作流程,积极主动对接产业扶贫项目和企业服务,在土地、税收、贴息(低息)贷款、财政补贴、财政奖励、手续简化等方面，凡是企业符合相关优惠政策享受条件的该给的给到位、服务到底；不该给的、无权给的坚决不给、不作承诺，坚持政策红线、守住法律底线。同时，要建立企业考察、项目评审、优惠政策、合同审批、合同履约、监督管理等方面的投资决策工作机制，强化产业扶贫项目投资决策的严肃性、科学性、规范性，促使各方守法律、讲诚信、重合同，依法依约全面履行合同义务。

（三）科学准确定位政府角色

产业扶贫虽然具有一定的社会帮扶性质，同纯市场化的经济行为有所区别，但本质上仍然是一种市场行为，而政府并不是市场主体本身，政府在其中主要发挥产业引导、协调指导、行政监管的作用。因此，应当加快政府职能转变，找准政府角色定位，在职权范围内坚持“有所为”“有所不为”，绝不能超越自身职权管理范围，例如代替合作社、农户等经营主体与企业签订《产品包销协议》等方式越权行事，模糊自身角色，混淆法律责任。而应当，在产业引导规划、创造公平的经营环境、完善设施条件、劳动者职业技能培训、优化办公服务、依法监管等方面主动作为、狠抓作风，为企业营造和搭建良好的营商环境、法治环境。也不能为了完成扶贫任务，强行给企业分指标、压任务、扩规模、定目标，插手和干预企业的正常经营，影响企业投资决策行为和平稳健康发展。

（四）严格坚持依法办事原则，明确合同中的权利义务关系

在产业扶贫过程中，无论是政府与企业，还是企业与合作社、农户之间签订的各类合同，均应遵循依法合规、互利共赢的基本原则，明确双方的权利和义务。在政府与企业有关产业扶贫招商引资合同签订过程中，政府不能为了招商而招商，一味的迁就企业，作出一些无法兑现的承诺或条件，一方面存在条款无效或合同履行不能的法律风险，另一方面也影响与企业之间的合同。政府在与企业

签订合同前，应当依法召集相关部门组织合同会审，履行合同会签程序；必要时聘请专业律师帮助审核把关，确保合同的合法性、合规性、执行性。

（五）建立贫困户利益保障机制

在产业扶贫中，为保障贫困户投入企业资产、资金的安全和收益，各地可以结合自身产业实际，例如采取资产量化、企业担保、风险补偿基金、涉农政策保险、资产回购、固定收益、最低价收购等措施建立利益联结机制、风险防范机制，确保扶贫资金、资产安全，保障贫困户利益。

典型案例：

“金鸡帮扶”项目

2015 年 11 月，河北威县与蛋鸡企业德青源公司合作，开工建设一个年饲养蛋鸡 240 万只、产蛋 5.5 亿枚的现代化蛋鸡场，帮助当地村民脱贫。这个“金鸡帮扶”项目，由威县政府流转出 540 亩农业设施用地，并筹资 2.5 亿元（其中整合涉农财政资金 1.25 亿元、农发行贷款 1.25 亿元）用于场平土建和设备设施。德青源公司投资 1.25 亿元，用于生物资产和流动资金。该项目由德青源公司租赁运营，租期 15 年。德青源每年按照固定资产总投资的 10% 向威县支付租金，即每年 2500 万元，15 年共支付 3.75 亿元。合同期满后，德清源按照项目净残值一次性回购所有资产。

德青源“金鸡帮扶”项目 2015 年 11 月开工，2016 年 6 月进鸡，只用了半年就投产运营。目前已有 4424 名贫困人口通过德青源支付的 400 万元租赁费，每人已分红300元，48个重点村每村已获集体收入2万元。预计2019年满产后，预计可年产鸡蛋5.5亿枚，总产值6.2亿元，每年可创税2268万元。

目前，威县已将德青源“金鸡帮扶”模式复制到肉鸡、奶牛、梨果、生物肥4个项目，推动实现贫困人口产业精准扶贫全覆盖。在国务院扶贫办的协调和中国农业发展银行的支持下，德青源公司已与河北、西藏、河南、贵州、安徽、山西、陕西、重庆、湖北、内蒙古、云南、广西12省（自治区、直辖市）的15个贫困县达成合作协议。目前已有2个县的项目建成投入运营，5个县的项目已开工，8个县的项目正开展前期准备。

来源：中国扶贫网

（六）加强合同的履约监管

再好的合同不履行就等于是一张废纸。在产业扶贫过程中，政府不能只管把企业引进来，而忽视对企业的履行监管；不能只看企业说了什么，更应当看企业到底做了什么，企业是否全面履行合同义务是察其言、观其行的检验标尺。加强对企业的合同履约监管方法有：一是建立合同交底制度，对合同中重要条款向合同各方、特别是贫困户（如涉及）进行交底，帮助掌握和理解合同的主要内容。二是要发挥政府依法履职监管能力，对产业扶贫项目在实施过程中存在的违法、违规、违约进行监督检查，随时发现、随时纠偏。三是聘请独立第三方机构，加强对企业的监督考核。四是提高合作社、贫困户合同意识、法律意识，维护自身合法权益。

第二节 采购招标与风险防控

一、扶贫项目政府采购招标概述

《政府采购法》第二条第二款规定："本法所称的政府采购是指各级国家机关、事业单位和团体组织使用财政性资金采购依法制定的政府集中采购目录以内或者采购限额标准以上的货物、服务及工程的行为。"

从政府采购的概念可以看出，政府采购由三个要素组成，即采购主体、资金来源和采购范围，三要素缺少任何一个都不能称为政府采购。

政府采购的采购主体为"各级国家机关、事业单位和团体组织"。在扶贫项目采购方面，具体到各镇政府、街道办对精准扶贫资金筹集使用承担主体责任，书记、镇长（主任）为第一责任人。做好进度安排、项目落地、资金使用、推进实施等工作。扶贫资金使用中涉及政府采购或招投标的，按政府采购和招投标管理规定执行。

政府采购的资金来源是"财政性资金"，《政府采购法实施条例》第二条对财政性资金做了明确解释——"政府采购法第二条所称财政性资金是指纳入预算管理的资金。以财政性资金作为还款来源的借贷资金，视同财政性资金。"

《国务院办公厅转发财政部、国务院扶贫办、国家发展改革委扶贫项目资金绩效管理办法》（以下简称《办法》）。《办法》明确，扶贫项目资金是指各级政府及其部门为如期实现脱贫目标，支持脱贫攻坚项目（含对个人和家庭的补助项目）的各类财政资金，包括全部或者部分用于产业扶贫、易地扶贫搬迁、就业扶贫、危房改造、教育扶贫、健康扶贫、生态扶贫、基本医疗、社会救助、农村基础设施建设以及光伏扶贫、旅游扶贫、文化扶贫等项目资金。

扶贫资金主要用于增加精准扶贫对象收入、减少贫困人口为主要任务，精准扶贫资金按要求专项用于直接促进精准贫帮扶对象增收的项目。主要包括：

（一）支持精准扶贫帮扶对象发展生产

包括支持帮扶对象发展种植业、养殖业、农产品加工业、手工业、乡村旅游业、电子商务和物流配送服务等。

（二）支持精准扶贫帮扶对象提高技能和实现就业

包括农民适用技术培训和科技扶贫培训、促进贫困家庭劳动力就业等。

（三）为帮扶对象提供金融支持

包括贫困户扶贫贷款贴息，对建档立卡贫困户及直接吸纳贫困户务工、参股、带动增收效果好的农业龙头企业、农业合作组织和种养大户等扶贫贷款给予贴息和担保风险补偿金，对参加农业保险的贫困户自行负担的保费给予适当补助等。

（四）建立资产收益扶持机制

包括以招投标方式投入设施农业、林业、养殖、光伏、水电、乡村旅游等项目形成资产，将具备条件的折股量化给贫困户等。

（五）改善硬件条件

围绕改善贫困村基本生产生活条件，支持农村饮水安全项目、村道建设项目、环境整治项目等。

（六）建立教育扶助机制

开展对城乡贫困家庭子女读书的资助，确保贫困户子女完成学业；建立医疗保险和医疗救助机制，健全大病救助机制，逐步提高城乡困难群众医疗救助标准，扩大救助覆盖范围，完善财政支持贫困人口购买重大疾病保险机制，逐步消除因病返贫现象。

（七）市扶贫开发工作领导小组确定的其他扶贫支出

（八）扶贫资金不得用于的项目

1. 扶贫工作以外的行政事业单位基本支出；2. 各项奖金、津贴和福利补助；3. 弥补企业亏损；4. 修缮楼、堂、馆、所以及建造职工住宅；5. 弥补预算支出缺口和偿还债务；6. 大中型基本建设项目；7. 交通工具及通讯设备；8. 城市基础设施建设；9. 企业担保金；10. 虚假投资（入股）、虚假分红、发放借款及平衡预算等；11. 其他扶贫工作以外的任何支出。

政府采购的采购范围为“依法制定的集中采购目录以内或者采购限额标准以上的货物、工程和服务”。政府采购所称货物，是指各种形态和种类的物品，包括原材料、燃料、设备、产品等。工程，是指建设工程，包括建筑物和构筑物的新建、改建、扩建、装修、拆除、修缮等。服务，是指除货物和工程以外的其他政府采购对象。政府采购方式主要有公开招标、邀请招标、竞争性谈判、竞争性磋商、单一来源及询价五种方式。具体到扶贫小额工程项目很多是政府采购限额以下，不属于政府采购规范的范畴，但由于规范采购的要求，以及面临的审计压力，基层相关单位和使用资金的村镇都愿意参照政府采购的有关规定操作，建议采用竞争性谈判、竞争性磋商和单一来源等采购程序。

二、公开招标、竞争性谈判、竞争性磋商三种采购方式比较

（一）确定供应商的方式不同

公开招标是通过发布公告邀请不特定的供应商来参与投标，竞

争性谈判与竞争性磋商作为非招标采购方式，除了发布公告外，还有另外两种确定供应商的方式：从省级以上财政部门建立的供应商库中随机抽取及采购人、评审专家分别书面推荐。

（二）发放文件日期规定不同

公开招标，自招标文件开始发出之日起至投标人提交投标文件截止之日，不得少于 20 日。竞争性谈判，从谈判文件发出之日起至供应商提交首次响应文件截止之日不得少于 3 个工作日。竞争性磋商，从磋商文件发出之日起至供应商提交首次响应文件截止之日不得少于 10 日。

（三）招标文件澄清或修改顺延时间不同

对已发出的招标（采购）文件进行必要的澄清或者修改，澄清或者修改的内容可能影响响应文件编制的。公开招标，应当在投标截止时间至少 15 日前，以书面形式通知所有获取招标文件的潜在投标人；不足 15 日的，应当顺延提交投标文件的截止时间；竞争性谈判，应当在提交首次响应文件截止之日 3 个工作日前，以书面形式通知所有接收谈判文件的供应商，不足 3 个工作日的，应当顺延提交首次响应文件截止之日；竞争性磋商，应当在提交首次响应文件截止时间至少 5 日前，以书面形式通知所有获取磋商文件的供应商；不足 5 日的，应当顺延提交首次响应文件截止时间。

（四）评标方式不同

公开招标分为综合评分法及最低评标价法；竞争性谈判，是在谈判小组所有成员与每一家供应商分别进行谈判，在规定时间内进行二轮报价及最终报价，采购人根据符合采购需求、质量和交货期相等且报价最低的原则，从谈判小组提出的成交候选人中确定成交供应商；竞争性磋商，是在磋商小组所有成员与每一家供应商分别进行磋商，明确采购需求之后，要求所有供应商提供最终报价，然后按照磋商文件规定的各项评审因素进行量化指标评审，得分最高的供应商作为中标候选供应商。

(五)评标重点不同

公开招标与竞争性谈判主要看"价格"。虽然公开招标综合评分法能够对价格的影响做到一定程度的中和，但在实践中，往往低价更容易中标。竞争性磋商，主要是看"综合"。在第一步的磋商中明确采购需求，使投标更符合实际。第二步的最终报价，综合打分，更是对供应商综合能力的考评。

政府采购是政府为民服务实现政府职能的重要手段，它在政府法制建设、打造公平竞争的市场秩序、维护政府和企业诸方合法权益乃至增进全民福利等方面，将发挥积极的作用。只要我们认真分析和研究我国政府采购中出现的问题，政府采购在调节国民经济运行，实施产业政策，保护民族产业，提高资金的使用效率等宏观作用，就一定能得到充分发挥，我国政府采购也一定能沿着健康的轨道发展。

三、扶贫项目采购招标中可能存在的风险

(一)政府采购效率较低

政府采购中常出现需要货物或服务的单位得不到所需的货物或服务，而政府采购部门却存在大量的"存货"。造成这种状况的原因主要有：

1. 信息不对称

政府采购部门和供应商存在着严重的信息不对称，采购部门人员很难对各种商品的价格、质量都做出合理的判断，很容易受到供应商的欺骗，这是我国政府采购工作效率不高的主要原因之一。

2. 财政部门分散审批带来的负面影响

政府采购预算往往审了又审，而且批准的时间还不统一，直接影响了政府采购的效率。

3. 采购人员队伍建设落后于采购工作的发展

我国现有的政府采购人员多来自原财政部门，这部分人对市场并不是很熟悉；同时，政府采购人员缺乏经常性专业培训，不适应采购工作的发展要求。这些人员不仅要求具有较高的政治素质，遵纪守法，还应懂法规、精外语、会核算、能管理，他们是完成政府采购中必不可少的根本基础和基本队伍。

（二）公共工程没有完全纳入政府采购的范围

据统计，2018 年，我国政府采购构成中，工程类采购只占政府采购的比重约 40%。公共工程作为财政支出的大项，在政府采购中的比重明显偏低，主要是因为公共工程一直没有被完全纳入政府采购的范围。

（三）采购部门重价格、轻质量

当前，重价格、轻质量是我国政府采购中存在的一个较普遍的问题。主要由以下几个因素造成：

1. 采购部门追求私利

我们国家政府采购工作开展较晚，相关的管理和监督体系很不健全，采购部门官员往往会利用职权，通过购买便宜货来获取个人或小部门利益。

2. 对业绩评价的误解

目前，地方政府对政府采购工作的业绩评价，往往只注重考察财政资金的节约率。这样，在政府采购的过程中采购部门为了省钱而不顾采购的物品或服务的质量，只要供应商的产品价格低就采购。

（四）无统一的政府采购信息披露媒体和渠道，政府采购缺乏透明度

据统计，在2018年的政府采购额中，有60%左右是通过公开招标方式完成的，但在实际工作中存在招标信息只在地方媒体公布，并没有在全国覆盖面广大的媒体中披露的现象，使信息披露的范围和广度受到限制。这样无法做到公平竞争，更无法发挥政府采购节约资金和宏观调控的基本职能。

（五）对政府采购缺乏应有的了解

由于对这一创新方式改革还缺乏应有的认识，甚至个别部门还会因利益的调整产生抵触情绪。因此，应该加大宣传力度，特别是政府机构的公共事业单位的领导更要提高认识，积极配合，自觉推动政府采购政策的出台、发展与完善。

（六）缺乏供应商准入制度

在招标时，招标人并没有对供应商进行严格的审核。我国政府采购存在这种问题除了客观因素外，主要原因是我国的政府采购没有建立严格的市场准入制度，使现在政府采购“暗箱操作”比较严重。

四、完善我国政府招标采购的防范对策

（一）要加大宣传力度，提高对遵循政府采购原则的重要性的认识

政府采购的原则包括：公开、公平、公正的原则；有效竞争的原则；防腐倡廉的原则；物有所值的原则；国内产品优先的原则；推动国内竞争，促进产业发展的原则；维护公共利益的原则。要加大宣传力度，制定法律法规，加强监督，才能保证遵循政府采购的原则，并更好地执行政府采购原则。

（二）要贯彻执行《政府采购法》及相应的配套法规中关于政府采购原则的规定与要求

为了全面推行政府采购制度，目前已出台了《政府采购法》及相应的配套法规，对政府采购的原则作出了明确的规定，必须全面贯彻执行已有的规定。在具体执行法律、法规时，要制定实施办法，保证采购原则落在实处。离开了政府采购原则，实施采购过程中必然会出现偏差。只有按法律、法规所规定的采购原则去办，政府采购才能健康、有序地进行。要加强监督，使政府采购的原则得到切实的执行。

（三）加强对政府采购的监管和约束

采购主体、供应商、承包商、服务提供者和财政管理部门等，都要自觉地遵循有关政策。一方面，政府有关部门要建立健全相关法律制度，完善政府采购网站，公开政府采购的目录、作业程序及各项相关信息，鼓励社会舆论和广大群众参与对政府采购工作的监督，调动多方面的积极作用，强化政府采购过程中的自我约束机制。另一方面，政府的财政、监察、纪检、审计部门要依据各自工作职责，采取有效措施，对政府采购的实施，规范地开展监督检查。对推行政府采购制度的过程中出现的背离政府采购原则的行为，纪检、监察、审计、物价、财政等部门要充分发挥监督职能，或者督促纠正，或者严肃查处。

（四）采取综合措施，提高政府采购效率

完善政府采购审批体制，简化审批程序，改变审批方法，提高办事效率；建立供应商信用体系，有利于政府部门对企业信息的掌握，尽量避免不符合规定的企业进入供应市场，阻止欺诈行为的产生；加大政府采购的透明度，尽量减少“暗箱操作”，提高采购人员的综合素质；在政府采购中不但要重价格，更要重质量。

五、律师事务所为扶贫项目提供法律服务案例

律师事务所以其专业的法律知识，在政府及企事业单位的招投标工作提供全流程服务，即可化解招投标过程中诸多外围不可控因素又可依法对招投标全过程从程序、内容及法律规定等方面进行把控，减少政府及企业招投标过程中存在的法律风险，在依法、依规、快速完成招标采购工作中发挥积极的作用。

（一）案情简介

2017 年新疆某县因在幼儿教学设备招标过程中，因诸多不可控因素，导致应采用集中采购方式进行的政府采购工作必须采取分散采购的方式进行。在这一情况背景下，律所受该县委托，以招标人采购人的身份代理该县实施招标采购工作，不仅在规定时间内顺利完成此项工作，而且在保证中标产品质量、程序合法的基础上，比该县预算采购价格降低约 300 万元，实际中标价格比预算价格降低 16.67%，化解了政府在招投标过程中的风险，取得了较好的社会效果。

（二）风险因素及防范化解措施

1. 货物质量风险的防范和化解

货物质量是政府采购成败的关键，律师事务所既然是以招标采购人代理人的身份来为采购人提供全流程服务，首先要做到的就是为采购人提供优质服务，使采购人满意。

首先体现在货物采购时货物的质量上，如果仅仅价廉物不美，当次政府采购活动也是不成功的。要确保货物的质量，必须把握好以下三个环节：

（1）把控供货商环节

供应商资质要选择信誉好、专业经营的供应商进行采购。货源渠道正常，货物质量有保证，售后服务好的供应商才是政府采购所

需要的。

（2）把控技术参数环节

货物的技术参数必须经过详细的摸底调查及认证了解采购人的需求，如货物的型号、规格、技术参数、主要性能等指标，以避免采购到采购人不需要的货物或服务。这不但耽误了采购人的正常工作，更是财政资金的严重浪费。

（3）把控前期工作

律所作为采购代理人在实施采购前应搞好市场调研和论证，并按规定的采购程序完成。在这一环节，要充分尊重采购人的意见，采购代理机构可以提出自己的建议和相关的数据，但不能越俎代庖，应避免采购的货物不符合采购人要求而使自身陷入被动的情况发生。

2. 合同风险的防范和化解

政府采购合同是政府采购的重要组成部分，如果因合同把关不严导致在履行合同过程中一旦发生了纠纷，采购人作为合同签订的一方，需承担由此产生的风险。

在此过程中，律师事务所就可以发挥其法律专业性的特点：一是从法律规定角度出发，拟定符合法律规定的有效合同文本；二是从采购人角度出发，拟定符合采购人最大利益的合同文本；三是从实际出发，综合各方面意见，拟定最符合实际货物采购要求的合同文本，兼顾采购人最大利益需求。

3. 招标风险的防范和化解

招标采购作为政府采购的主要方式，在实施的过程中，应当防止招标失败、流标等风险的产生。

（1）严格按照《招投标法》《政府采购法》的有关程序规定要求执行，尤其是对公开招标、竞争性磋商等招标采购方式的最短时间要求的把控，确保采购程序合法合规；

（2）编制规范的招标文件，招标文件最终确定前，必须邀请相关专家多次论证把关；

（3）招标文件中不能出现意思表示模棱两可之处。严格落实澄清、答疑等有关事项要求，避免不及时或不恰当的澄清答疑造成采购工作的延误；

（4）贯彻“公开、公平、公正”原则，应客观、公正地对待所有参与投标的企业，严禁“暗箱操作”和虚假招标。评标标准必须经过评标委员会的集体讨论通过，并自觉接受社会各界对招标过程的监督，无论是开标还是评标都可以邀请纪检、监察部门及公证机关参与现场监督。

（5）严肃招标工作纪律参与的所有工作人员、评标委员必须坚持按规范程序实施操作，参加投标的企业严禁串通合谋、串标，一旦发现，将取消其参与政府采购市场的资格，并要求承担由此造成的经济损失。

（6）对招标工作应做好文字、视频记录，形成采购档案、资料。

4. 信誉风险的防范和化解

（1）自始至终坚持“公开、公平、公正”的原则，这是政府采购的大前提、大方向，只有坚持这一原则，政府采购工作的方向才不会走偏。

（2）应选择市场反应良好、信誉度高、经验丰富的招标代理机构合作从事政府采购工作。

5. 供货环节风险防范与化解

作为政府招标采购的代理人，不仅仅需要在招标环节做好供货商的选择、合同确定等工作，更要在后续工作之中，协助政府方把控好货物质量、供货周期、违约索赔等后续工作，确保政府方风险得到有效防控。

第三节　合同模式设计与风险防范

2015年11月27日至28日中央扶贫开发工作会议在北京召开，中共中央总书记、国家主席、中央军委主席习近平出席会议并发表重要讲话。习近平强调，要解决好“怎么扶”的问题，按照贫困地区和贫困人口的具体情况，实施“五个一批”工程。一是发展生产脱贫一批；二是易地搬迁脱贫一批；三是生态补偿脱贫一批；四是发展教育脱贫一批；五是社会保障兜底一批。其中产业扶贫因其涉及对象最广、涵盖面最大成为精准扶贫方略的重点，是将扶贫问题由“输血式”扶贫转向“造血式”扶贫的重要途径。

习近平总书记强调，“发展产业是实现脱贫的根本之策，要因地制宜，把培育产业作为脱贫攻坚的根本出路”。产业是脱贫之基、致富之源，是精准脱贫的必由之路，也是检验贫困地区各级党委、政府扶贫成效的重要标尺。《中共中央　国务院关于打赢脱贫攻坚战三年行动的指导意见》提出：将产业扶贫纳入贫困县扶贫成效考核和党政一把手离任审计，引导各地发展长期稳定的脱贫产业项目。

一、产业扶贫的概念

2011年，中共中央、国务院印发《中国农村扶贫开发纲要

(2001—2010年)》正式提出"产业化扶贫"这一概念,把推进农业产业化经营作为八个扶贫开发的内容与途径之一。农业产业化涉及三方面内容,一是从产业规划角度,提出"对具有资源优势和市场需求的农产品生产,要按照产业化发展方向,连片规划建设,形成有特色的区域性主导产业";二是从组织模式层面,提出"积极发展"和"订单农业";三是从产业链角度,提出"引导和鼓励具有市场开拓能力的大中型农产品加工企业,到贫困地区建立原料生产基地,为贫困农户提供产前、产中、产后系列化服务"以及"加强贫困地区农产品批发市场建设"。这几方面内容构成了我国产业扶贫体系发展的雏形。

二、产业扶贫的实践模式

(一)产业扶贫的组织模式

1. 龙头企业带动型

龙头企业带动型是产业扶贫中最普遍、最常见、最直接的产业扶贫组织模式。《中国农村扶贫开发纲要(2011—2020年)》中提出:通过扶贫龙头企业、农民专业合作社和互助资金组织,带动和帮助贫困户发展生产。龙头企业带动型通常以"龙头企业+贫困户""龙头企业+合作社+贫困户""龙头企业+基地+贫困户""政府+龙头企业+贫困户"等组织形式。

2. 合作社或大户带动型

合作社是农民自愿联合、民主管理的互助性经济组织,是贫困地区政府发展特色产业可以依托的主要组织平台,是解决"扶持谁""谁来扶""怎么扶"的重要抓手。贫困户可以通过资金、土地、劳动力或生产资料入股合作社,通过农产品生产、加工、销售等,实现规模化、专业化生产发展。合作社或大户带动型有"专业合作社+

贫困户”“产业大户＋贫困户”“合作社＋基地＋贫困户”几种常见形式。

（二）产业扶贫合作模式

1. 直接帮扶

对既有产业发展愿望，又有产业发展能力的贫困对象，在政府的组织和引导下，直接参与区域特色产业开发，通过以奖代扶、贷款贴息等方式，予以直接帮扶。

2. 委托帮扶

对无劳动能力或劳动力不足，无法转移就业的贫困户，采取经营性托管、承包式托管、租赁式托管等方式，以及借母还犊、寄养付酬、反租倒包等模式，将土地等生产要素托管给农民专业合作社等经营主体代种代养，实行统一管理经营，项目收益按比例分成。

3. 股份合作

将扶贫对象的政策扶持资金、土地、林地和水面等生产资料折价入股，由企业统一管理和生产经营，结成联股、联利的共同体，实现股份到户，利益到户。

4. 资产租赁模式（资产收益模式的一种）

即将财政投入资金和农户股金，先投资建设形成经营性资产，再协议租赁给特定实施主体，由实施主体按约支付租金，村集体和农户不承担经营风险。

（三）产业扶贫的利益联结机制

产业扶贫的利益联结机制是产业扶贫模式运行的核心问题，合理可行的利益联结机制是产业扶贫项目成败的关键。一方面作为参与产业扶贫的市场主体，如龙头企业，主要以营利为目的，总希望获得最大化的利润，这些市场主体之所以愿意参与产业扶贫，在于其可以因此得到用地、融资、税收、补贴、廉价劳动地等方面的众多优惠政策；另一方面，作为贫困地区的政府、贫困户，希望通过参与产业扶贫，能够获得持续、稳定的兜底收益，帮助贫困户脱贫致富。如何设计好产业扶贫的利益联结机制，平衡好各方的利益诉求就显得尤为关键。

产业扶贫中通过合同确定相关主体责、权、利，调节各方利益诉求，调动多元利益主体积极性，构建合理利益分配机制和持续增收机制，自然成为产业扶贫利益联结机制的最重要载体，也是本书探讨的核心。

三、产业扶贫项目合同模式设计

（一）合同体系

产业扶贫中根据上文提到的不同合作模式，扶贫项目涉及的合同有所不同，但总体上，一般都会由主合同及配套的土地流转合同、基建施工合同、资产租赁合同、资产回购合同、采购合同、保底包销合同、担保合同、入股协议等构成，从而构成产业扶贫项目完整的合同体系，是指导和约束各方主体的具有法律约束力的法律文本。

1. 主合同

主合同是产业扶贫项目的基石，主要包括：合同主体、合作背景、合作模式、合作期限、收益分配、产权界定、权利义务、担保措施、监督考核、违约责任、争议解决、附则等内容，对明确各方主体的权、责、利起到根本指引、保障作用。

2. 配套合同

为构建项目合同规范、完整的合同闭环，避免和减少项目在履约过程中的纠纷、争议，在产业扶贫项目中，各方在签订主合同的同时，应当注重一并或在履行各环节及时签订配套合同，保证主合同的完整性、可执行性及风险控制。各类配套合同的具体内容本文不做详述。

（二）坚持原则

1. 程序合法原则

程序合法规范是实施产业扶贫贯彻始终的基本要求，也是避免各方主体“好心办坏事”的重要保障。根据产业扶贫政策、法规规定，结合基层产业扶贫实践，程序合法规范主要体现在以下几个方面：

一是完善产业扶贫项目入库程序。国务院扶贫办印发《关于完善县级脱贫攻坚项目库建设的指导意见》的通知中规定：贫困县普遍编制和建立脱贫攻坚项目库，保证资金使用精准安全高效，实现贫困人口稳定脱贫。未进入项目库的项目原则上不得安排使用财政专项扶贫资金，确需支持的项目，要按规定程序入库后再批准实施。因此，坚持扶贫项目按照规定程序、流程进入项目库，是确保财政专项扶贫资金的基础。

二是产业扶贫项目要坚持采购招标程序。《中央财政专项扶贫资金管理办法》规定：中央财政专项扶贫资金的支付管理，按照财政国库管理有关规定执行。属于政府采购、招投标管理范围的，执行相关法律、法规及制度规定。因此，在使用中央财政专项扶贫资金进行项目建设、货物采购时，对属于政府采购、招投标管理范围的，严格按照《招投标法》《政府采购法》相关规定执行。

2. 扶贫资金使用合规原则

根据《中央财政专项扶贫资金管理办法》的规定，中央财政专项扶贫资金是中央财政通过一般公共预算安排的支持各省（自治区、直辖市，以下简称各省）以及新疆生产建设兵团（以下简称新疆兵团）主要用于精准扶贫、精准脱贫的资金，不得用于与脱贫攻坚无关的支出。

规范指引：

《中央财政专项扶贫资金管理办法》第十条 中央财政专项扶贫资金（含项目管理费）不得用于下列各项支出：

（一）行政事业单位基本支出；

（二）交通工具及通讯设备；

（三）各种奖金、津贴和福利补助；

（四）弥补企业亏损；

（五）修建楼堂馆所及贫困农场、林场棚户改造以外的职工住宅；

（六）弥补预算支出缺口和偿还债务；

（七）大中型基本建设项目；

（八）城市基础设施建设和城市扶贫；

（九）其他与脱贫攻坚无关的支出。

3. 资产权属清晰原则

使用财扶资金形成的各类资产具有国有资产性质，《企业国有资产法》规定，国有资产受法律保护，任何单位和个人不得侵害。因此，在产业扶贫实务中，对利用财扶资金形成的各类资产交付项目实施主体后，要坚持该类资产与实施主体及其他主体之间资产的产权明晰原则，避免造成国有资产的流失风险。

4. 贫困户收益原则

加大各类财扶资金投入，发展产业扶贫项目是手段、是措施，根本目的是帮助贫困户脱贫致富。根据《中共中央 国务院关于实施乡村振兴战略的意见》《关于做好财政支农资金支持资产收益扶贫工作的通知》等政策文件精神要求，作为项目实施主体对财政资金形成资产负有保值增值责任。各方可在法律和现有制度框架下，积极探索，自主创新，因地制宜确定具体的收益分配方案，健全农户参与机制和利益分享机制，推广“保底收益＋按股分红”等模式，切实保障村集体和农户特别是贫困户的收益。

规范指引：

1.《国务院扶贫办关于完善扶贫龙头企业认定和管理制度的通知》

二、认定条件

（一）依法合规经营。企业应具有独立法人资格，产权清晰，管理有序，有一定的经济效益，所选扶贫项目应符合脱贫攻坚规划。

（二）建立稳定的带贫减贫机制。企业应履行扶贫责任，通过发展产业自觉带动贫困户增收脱贫，包括吸纳贫困劳动力稳定打工就业、流转贫困户土地经营权参与产业化经营、整合扶贫和涉农资金投入项目形成资产折股量化给贫困村和贫困户等形式。

（三）具有明显的脱贫成效。扶贫龙头企业应带动一定数量的贫困人口，通过产业化经营所取得的扶贫收益或分红，应通过设立公益岗位、开展公益事业、奖励补助等方式分配给贫困村集体或由贫困户共享。

2.《关于做好财政支农资金支持资产收益扶贫工作的通知》

四、强化保障措施

（二）强化风险防控。各地要坚持问题导向，强化风险意识，及时发现和纠正工作中出现的苗头性、趋向性问题，杜绝出现区域性、系统性风险。

各地要明确实施主体作为项目经营主体的权利和义务，经营主体享有依法经营的自主权，承担项目经营风险，依法按约支付收益。贫困户不承担项目经营风险，除由村集体经济组织作为实施主体的项目外，贫困村也不承担项目经营风险。鼓励实施主体购买商业保险，分散和降低经营风险，增强履约偿付能力。各地可探索利用保费补贴等扶持政策，对实施主体给予适当支持。

资产折股量化时，要采取民主决策、第三方评估等方式，确保资产公允计价。资产收益扶贫实施主体解散或破产清算时，在按照有关法律规定清偿债务后，应优先保障贫困村和贫困群众的权益。

5. 绩效评价原则

《中央财政专项扶贫资金管理办法》第十九条规定，中央财政专项扶贫资金使用管理实行绩效评价制度。《财政专项扶贫资金绩效评价办法》规定，财政专项扶贫资金绩效评价的主要内容包括资金投入、资金拨付、资金监管、资金使用成效等方面的情况。财政专项扶贫资金绩效评价指标依据评价内容设定。资金绩效评价结果纳入省级党委和政府扶贫工作成效考核，并作为财政专项扶贫资金分配的因素之一。

规范指引：

《中共中央　国务院关于打赢脱贫攻坚战三年行动的指导意见》：支持贫困县整合财政涉农资金发展特色产业。鼓励地方从实际出发利用扶贫资金发展短期难见效、未来能够持续发挥效益的产业。规范和推动资产收益扶贫工作，确保贫困户获得稳定收益。将产业扶贫纳入贫困县扶贫成效考核和党政一把手离任审计，引导各地发展长期稳定的脱贫产业项目。

四、产业扶贫项目合同风险防范

（一）因地制宜发展产业扶贫项目

立足贫困地区实际，根据不同县域的产业特点、资源禀赋和经济社会发展趋势，发展和深挖产业扶贫路子，打造当地特色产业，创造品牌价值，实现产业链、价值链、利益链的最大化，是贫困地区长久脱贫的必要之路。避免脱离本地实际，盲目跟风随大流发展同质化产业项目，造成产业的失败风险。

典型案例：

浏阳市发展特色产业助推脱贫致富

浏阳市位于湖南的东部，面积5007平方公里，人口149万，是湖南面积最大、人口最多的县级市。总结浏阳由20年前的国家级贫困县发展成为全国百强县的脱贫致富经验，在于浏阳市长期以来牢牢抓住了贫困人口增收这个关键，以产业扶贫为主导，因地制宜，不断创新产业发展新模式，以规模化、产业化生产对接国内外大市场，通过实体经济发展，将资源优势转变为经济优势，走出了一条脱贫致富的新路子。

一是选准产业是实体经济扶贫的重中之重。浏阳市依据全市资源现状、产业条件、发展基础，因地施策，选准培强主导实体产业，带动贫困户脱贫致富。如今，浏阳市的花炮产业、花卉苗木产业、绿色蔬菜产业等发展迅速，极大地吸纳了本地劳动力就业。据初步统计，浏阳市依托上述产业就业的劳动力达到了30万人，如此数量的就业人口在家门口就业，有力地促进了村民脱贫致富。

二是实体经济扶贫需要实体经济龙头带动。浏阳市在选准产业基础上出台激励政策，有针对性地引入龙头企业、培育龙头企业，利用“公司+基地+农户+市场”等形式，吸纳贫困户参与产业发展，较好地发挥了龙头企业的辐射带动作用。如花卉苗木产业依托百里花木走廊，打造了集花卉苗木培育和花卉园林展示交易为一体的基地，使传统的花卉苗木产业升级为现代化的园林观景之地。

三是依托“互联网+”发展新兴产业。互联网能够打通区域隔阂和交通瓶颈，使贫困山区也能及时连通世界，对接国内外大市场，为贫困地区产业发展插上翅膀。如浏阳市近年兴起的新兴产业——“浏阳蒸菜”，就是极好的发展例子。而“浏阳蒸菜”的快速发展又极大地促进了浏阳市本土传统蔬菜的深加工和销售。继“浏阳花炮”“浏阳菊花石”“浏阳夏布”等几大传统产业之后，“浏阳蒸菜”也成为极具影响力的品牌。

来源：长沙晚报

（二）重视实施主体的选择

产业扶贫项目成败的关键之一就在于实施主体的选择。选择治理结构完善、财务管理健全、经营状况良好、经济实力较强、乐于扶贫助困且诚信守约的企业、村集体经济组织、农民合作社等合作主体，是保障项目平稳、健康、可持续发展的重要前提条件。而如何选对、选好实施主体，核心在于对合作主体资信能力的调查评价，同时结合本地实际“门当户对”选“女婿”，注重所选实施主体“强、精、专”，推动扶贫产业不断发展，带领贫困户脱贫致富。具体对实施主体如何进行资信调查本文不再详述，见本章第一节。

（三）落实保障措施

在产业扶贫项目中，如何保障扶贫资金的安全及贫困户收益是产业扶贫中政府、贫困户关心的核心问题。在产业扶贫实践中，可采取购买农业保险、设立产业扶贫风险补偿基金、实施主体提供担保等手段，积极构建风险分担机制，防范、减少、分散产业扶贫中的扶贫资金损失风险、贫困户收益损失风险。农业保险一般包括种植业保险和养殖业保险两大类，国家也鼓励各地结合实际积极探索发展价格保险、产值保险等险种，通过理赔来分散和降低因自然灾害、市场波动等带来的经营风险。产业扶贫风险补偿基金主要由市、县两级财政按一定比例出资，重点用于补偿因不可控风险导致的经济损失。采取要求实施主体提供保证、资产担保的手段，主要目的在于防止实施主体任意毁约解约的行为，督促实施主体全面履行合同义务，保障扶贫资金和贫困户利益。

规范指引：

《中共中央　国务院关于打赢脱贫攻坚战三年行动的指导意见》：支持贫困地区开发特色农业险种，开展扶贫小额贷款保证保险等业务，探索发展价格保险、产值保险、“保险＋期货”等新型险种。扩大贫困地区涉农保险保障范围，开发物流仓储、设施农业、“互联网＋”等险种。

（四）发挥政府的监督、协调作用

产业扶贫项目中，贫困户往往分散、力量小，如何保护好入户财扶资金的安全，保障贫困户的利益，避免实施主体套取扶贫资金、损害贫困户利益的行为，需要政府从中切实发挥监督、协调作用。实践中，有的地方由政府牵头，成立由贫困户代表、企业代表、合作代表、农牧业专家、中介机构人员等组成的独立监督考核委员会，定期、不定期对扶贫项目生产经营情况、市场运行情况、扶贫资金使用管理、贫困户收益保障等方面（核心商业秘密除外）进行独立监督考核，对项目运营过程中存在的不合规、背离合同的行为提出意见，及时纠偏，很好地对项目履行过程发挥了监督考核作用。

（五）其他方面

产业扶贫项目中，也要注重对自然灾害、市场经营、生产经营、生态环境、政策支持等方面的预判和风险控制，各地应根据自身已有的措施和条件，在产业扶贫过程中积极制定对策。例如，对扶贫产业涉及的主要农产品，各地可以保本为基准制定年度最低价格，当市场价跌破最低价时，由财政向贫困农户提供价格补贴。也可通过适当的政策引导或优惠，让扶贫企业将最低价条款写入与农户的订单合同中，由企业执行最低收购价。

第四节　土地供应与风险防范

根据《2017中国土地矿产海洋资源统计公报》显示，截至 2016 年年末，全国共有农用地 64，512.66 万公顷，其中耕地 13，492.10 万公顷（20.24 亿亩），园地 1426.63 万公顷，林地 25，290.81 万公顷，牧草地 21，935.92 万公顷；建设用地 3909.51 万公顷，其中城镇村及工矿用地 3179.47 万公顷。

2016 年，全国因建设占用、灾毁、生态退耕、农业结构调整等减少耕地面积 34.50 万公顷，通过土地整治、农业结构调整等增加耕地面积 26.81 万公顷，年内净减少耕地面积 7.69 万公顷。

2017 年，供应国有建设用地 60.31 万公顷（904 万亩），同比增长 13.5%。其中，工矿仓储用地 12.28 万公顷，同比下降 0.2%；商服用地 3.09 万公顷，同比下降 12.0%；住宅用地 8.43 万公顷，同比增长 13.2%；基础设施及其他用地 36.52 万公顷，同比增长 22.4%。

上述一组数据显示，全国土地供应总量不断增加，主要供应增长范围是住宅、基础设施及其他用地，但涉及产业类土地供应均存有下降趋势。作为扶贫产业的土地供应，如何利用好现有土地供应的机制，解决好产业扶贫发展是当前一段时间亟须解决的问题。

2015 年 11 月 27 日至 28 日，中央扶贫开发工作会议在北京召开，会议审议通过了《中共中央　国务院关于打赢脱贫攻坚战三年行动的指导意见》。三大攻坚战，在基层的扶贫道路上，各地纷纷出台了各类产业扶贫的“管理办法”，比如《陕西省产业扶贫项目管理办法》《重庆市财政扶贫资金管理实施办法》《海晏县扶贫开发项目管理办法》等各式各样的相关规定，上到省、自治区、直辖市，下到县市级政府，对产业扶贫采取了规范化、流程化、标准化等不同路径。如何对待产业扶贫中的土地供应方式，如何利用现有的政策法规，结合产业实际探寻更好的路径，解决好投资业主与农户之间的关系，解决好投资业主与政府的关系，解决好农户与政府之间的关系，解决好扶贫资金使用的各种关系，显得尤为重要。

一、扶贫项目土地供应下的产业选项

（一）如何寻找项目扶贫的工作路径

为实现到2020年全面建成小康社会奋斗目标，国务院发布了《中国农村扶贫开发纲要（2011—2020年）》，该纲要对工作方针作出了明确方向。坚持开发式扶贫方针，实行扶贫开发和农村最低生活保障制度有效衔接。把扶贫开发作为脱贫致富的主要途径，鼓励和帮助有劳动能力的扶贫对象通过自身努力摆脱贫困；把社会保障作为解决温饱问题的基本手段，逐步完善社会保障体系。上述工作方针，已将扶贫开发作为主要途径。产业扶贫作为扶贫开发，即能有效的帮助有劳动能力的扶贫对象摆脱贫困，又能加快贫困区域的经济发展。

（二）如何确立扶贫项目中土地供应在专项扶贫中的主要聚焦点

我们都知道，专项扶贫主要包括易地扶贫搬迁、整存推进、以工代赈、产业扶贫、就业促进、扶贫试点和革命老区建设七大专项扶贫内容。其中土地供应涉及的专项扶贫内容主要聚集点在“易地扶贫搬迁”“整村推进”“产业扶贫”，而除基础设施建设等民生改善类投入用地外，如何解决产业扶贫用地问题，已成为当前产业扶贫中的重中之重。

（三）哪些产业是扶贫项目中推行产业

第一，发展特色产业，结合贫困区域主要在农村的特点，加强农、林、牧、渔产业指导，围绕主导产品、名牌产品、优势产品，大力扶持建设各类批发市场和边贸市场。把农林牧渔产品化，品牌化，加大市场布局。从农牧产品“源头发展＋产业化发展＋市场化运作”，为农牧民增收致富脱贫。第二，通过国家大型项目、重点工程和新兴产业要优先向符合条件的贫困地区安排。有效通过能源，如太阳能发电；水利，如水库水电项目及水利枢纽项目等；交通，如“一带一路”区域交通大型基础设施建设项目等。第三，引导劳动密集型产业向贫困地区转移，如具有棉纺区域优势的新疆开展密集型产业转移等，目前新疆部分区域已开展相关产业转移工作。第四，加强贫困地区市场建设。第五，支持贫困地区资源合理开发利用，完善特色优势产业支持政策。

二、土地供应的划分

围绕产业项目类型，如何在现有土地制度中采取分类土地供应，对当前政府机关、招商引资企业、村集体经济组织及农户都至关重要。要想解决好扶贫项目分类供应土地，首先应当先了解好土地供应制度，当前土地供应类型看，主要包括以下几方面。

（一）国有建设用地供应划分

从当前土地出让的类型上看主要包括工业用地、商业用地、住宅用地和其他用地四种类型。

从土地供应的方式上看，主要包括土地出让、土地划拨、土地出租等形式供地。

从出让方式看，主要通过招标出让、挂牌出让、拍卖出让、协议出让。

上述土地供应，主要理论界通常将其称为双轨制，一是政府无偿划拨国有土地给使用单位；二是通过市场化手段有偿出让国有土地，目前主要是通过招标、拍卖、挂牌三种方式出让土地。

从土地供应的一、二级市场划分，还包括土地使用权转让、土地抵押，企业用地通过股权转让方式获取土地等方式。

（二）集体建设用地土地供应类型

集体建设用地土地供应，目前尚无特别具体的相关规定，这也是当前农村项目扶贫中的热点和难点问题之一。受农村集体土地所有权归村集体经济组织所有的限制，土地采取公开招拍挂等方式处置的大门尚未打开。主要问题集中在集体经营性建设用地入市中的实施主体、入市交易规则、入市的集体决策程序、入市与规划关系等问题。各地尚处于试点、摸索、经验总结等阶段。

1. 先征收后出让

在扶贫项目实施中使用集体建设用地的，有些先通过征收程序将其变为国有建设用地，再通过招拍挂方式供地。这种方式时间周期长、程序复杂、容易产生矛盾。对扶贫项目的实施，也增加了较大的成本，不能有效地利用资金最快速的形成生产力。

2. 土地流转

有些项目通过流转方式实施，此方式也有弊端，主要集中在农村集体建设用地流转方式部分受限，在转让时通常只能在本村集体经济组织成员中流转，在实施时借助于农村合作社、乡村企业等方式实施，仍有很大的局限性。

3. 入市交易

入市交易，目前国家尚没有具体规定，但从集体土地所有制的规定基础考虑，入市交易的主体，应当是村委会通过民主决策程序实施，入市交易规则，要借助于现有的国有土地交易规则，制定属于农村集体经营性建设用地的交易规则，基本原则仍是以“公平、公开、合法”的原则；入市的决策程序，仍在《村民委员会组织法》规定的框架内，按照规定的程序召开村民大会或村民代表大会等组织形式决策，并拟定农村土地入市交易类似基准地价形式定价，避免损害集体资产流失；在规划方面仍会遵循“规划先行”的原则，在规划用地的范围内实施，仍是集体经营性建设用地的基本原则。在上述基础上，本着有效利用土地，不改变土地用途性质，不损害村集体权益的基础上开展入市交易的方式，符合乡村振兴战略规划的要求，即可探索实施。

（三）设施农用地供应

设施农用地，是指直接用于经营性养殖的畜禽舍、工厂化作物栽培或水产养殖的生产设施用地及其相应附属设施用地，农村宅基地以外的晾晒场等农业设施用地。在实践中通过审批设施农用地方式供应土地的在农村产业扶贫中较为多见，根据《国土资源部农业部关于完善设施农用地管理有关问题的通知》的规定，对设施农用地作出了明确规定，但部分地区有扩大适用范围、扩大土地使用类型、程序不规范等多种乱象，自然资源部及地方政府已开始关注，并在清理大棚房违建的背景下，已开始清理整顿。

三、产业项目土地供应的流程

（一）国有建设用地的土地供应

国有建设用地的土地供应制度完整，且经过多年以来的规范管理、督查，各供应土地的主管部门、用地企业，基本已熟知其程序，在基层远离城镇区域，贫困地区对国有建设用地的供应需求有限，扶贫项目中在城镇区域的，主要集中在工业园区等地，其扶贫方式也主要落脚在就业扶贫中。从国有建设用地土地供应，自然资源部已将国有建设用地出让流程优化并公示，具体如图 3-1 所示。

在企业通过划拨方式取得土地的，主要集中在可以使用划拨土地的能源、环境保护、保障性安居工程、养老、教育、文化、体育及供水、燃气供应、供热设施等项目。上述划拨方式供应的土地类型，在扶贫项目中产业以公共服务为主，如果企业参与此部分项目的，一般目前采取较多的方式为通过 PPP 方式实施，主要为贫困地区的基础设施、就业等方式解贫、脱贫。在自然资源部也已优化划拨供地的办理流程，具体如图 3-2 所示。

企业类型1（优化后简洁流程）

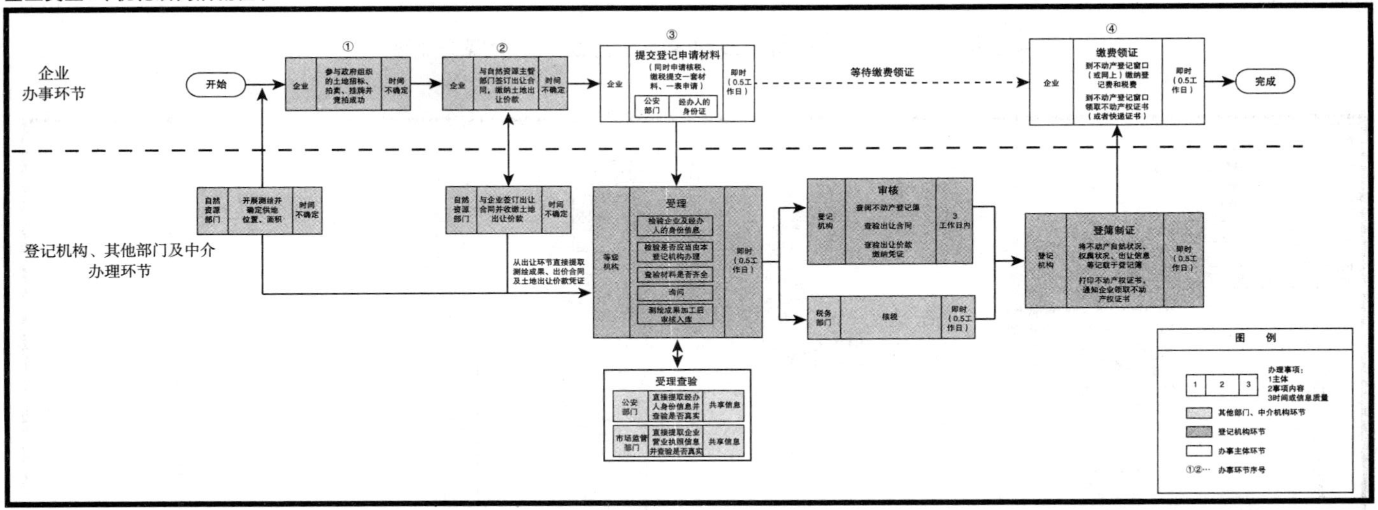

图 3-1 企业以招标、拍卖、挂牌方式取得国有土地使用权办理登记流程（首次登记）

企业类型2（优化后简洁流程）

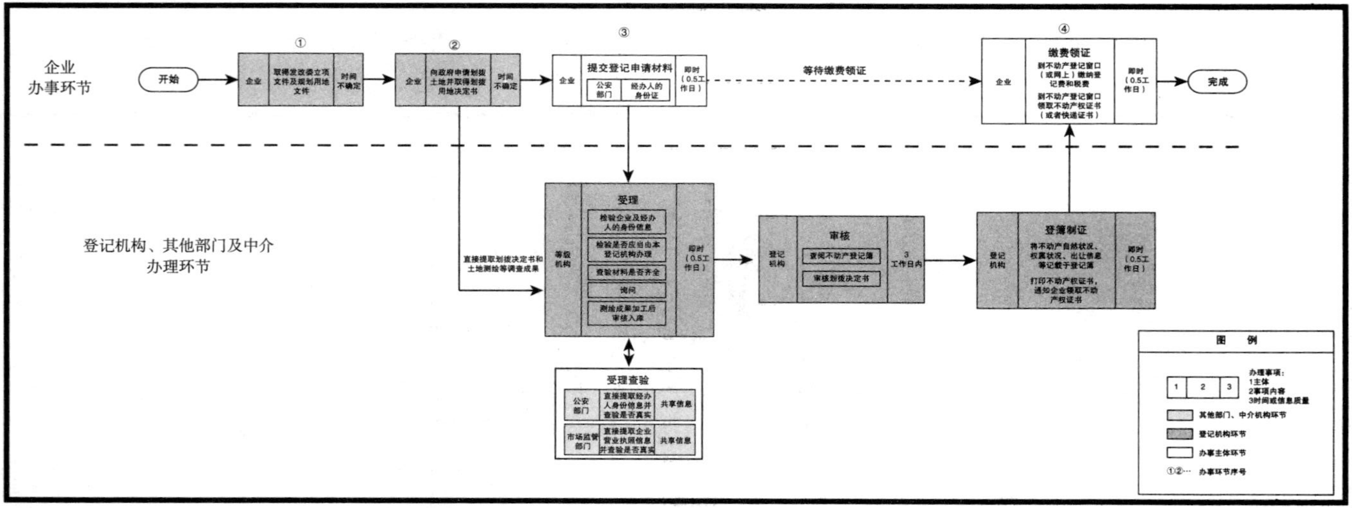

图 3-2　企业以划拨方式取得国有土地使用权办理登记流程（首次登记）

(二)集体建设用地土地供应流程

十八届三中全会提出"允许农村集体经营性建设用地出让、租赁、入股,实行与国有土地同等入市、同权同价"。2015年2月,全国人大常务委员会通过《关于授权国务院在北京市大兴区等三十三个试点县(市、区)行政区域暂时调整实施有关法律规定的决定》。

根据中央改革精神,2015年3月,国土资源部在全国选取15个市(县),开展农村集体经营性建设用地入市试点工作。为落实农村集体经营性建设用地与国有建设用地"同权同价"要求,中国银监会会同国土资源部依据全国人大常委会的决定,按照目标导向与问题导向相统一、农村土地制度改革和金融领域改革相衔接的原则,在对入市试点地区土地抵押融资进行了深入调研和论证的基础上,制定了《农村集体经营性建设用地使用权抵押贷款管理暂行办法》。国家对集体建设用地的出让、租赁、入股目前尚无详细的相关规定,正处在调研、讨论及试点阶段。2019年1月11日,自然资源部、住房和城乡建设部联合发布《关于福州等5个城市利用集体建设用地建设租赁住房试点实施方案意见的函》,主要集体建设用地的使用开展的仅是建设租赁住房的试点实施工作,但对于如何利用集体经营性建设用地,如何出让、如何租赁、如何入股尚无定论。

结合中央文件精神及自然资源部等相关部门的意见认为,集体建设用地的实施,首先,应当通过乡村规划调整集体经营性建设用地规划,将存量建设用地的调规做到首位;其次,利用好目前国家支持的农村产业发展主体实施,如根据《农民专业合作社法》规范化、完善农民专业合作社,通过农民专业合作社使用集体经营性建设用地,即不会违反现有土地制度,也与现有的乡村振兴等规定相符，有利于扶贫项目产业利用集体建设用地的实施；最后，探索出让、租赁、入股的供应土地方式，合理借鉴国有建设用地的程序及规范化管理方式实施，根据《村民委员会组织法》，通过村民代表大会、村民大会等方式讨论实施；对获得的收入，可以在帮扶贫困农户、扩大产业收益、落实保障措施等方面加强管理、规范流程、制定标准。

（三）设施农用地供应流程

根据《国土资源部　农业部关于完善设施农用地管理有关问题的通知》的规定，设施农用地主要包括生产设施农用地和附属设施农用地。对于产业扶贫中核心农业产业发展的项目类型，农牧渔等养殖用地，一般符合设施农用地的范围。拟定以下流程供大家参考：

1. 编制初步建设方案

根据生产发展所需确定产业项目的标准和用地规模、项目名称、拟建设施类型、数量。征询农业农村主管部门、发改委等部门意见及时修正。

2. 选址

考虑是否有未利用的荒山、荒滩不占少占耕地；考虑如农业设施利用地中附属设施用地能否满足产业发展需求；如超过附属设施用地规模标准的，考虑选址位于集体建设用地的可利用性；能否办理农用地转用审批手续因素；结合以上因素可综合考虑农用地与建设用地结合区域等因素。

3. 签订用地协议

非本村集体经济组织通过流转方式获得用地的，由村委会开展集体决策程序，召开村民大会或村民代表大会，集体讨论形成公开发包等形式对外流转土地承包经营权决议。启动公开发包程序。

签订用地协议。对本村集体经济组织的，可不召开村民大会或村民代表大会，启动公开发包程序后形成决议发包流程即可。

4. 申报用地

由经营者向乡镇提出用地申请，乡镇对经营者提交的设施建设方案、用地协议等进行审查。乡镇重点审查，是否符合乡村规划，土地利用，用地规模、能否安排贫困就业人员等要素。符合要求的，乡镇政府应及时将有关材料呈报县级政府审核。不符合要求的，乡镇政府及时通知经营者，并说明理由。

5. 县级审核

县级政府组织农业部门和国土资源部门进行审核。农业部门重点就设施建设的必要性与可行性，承包土地用途调整的必要性与合理性，以及经营者农业经营能力和流转合同进行审核，国土资源部门依据农业部门审核意见，重点审核设施用地的合理性、合规性以及用地协议，涉及补充耕地的，要审核经营者落实补充耕地情况，做到先补后占。符合规定要求的，由县级政府批复同意。

6. 监督执行

设施农用地审核同意后，乡镇政府具体监督设施建设和用地协议的实施，县级自然资源局做好土地变更调查、登记和台账管理等相关工作，并定期组织对经营者用地行为进行巡查，如有发现不符合要求使用土地的，做到早发现、早制止、早报告、早查处。县级农业农村局做好土地承包合同变更和流转合同备案、登记等工作。

7. 土地复垦

涉及设施农用地的，签订设施农用地使用协议时设定土地复垦标准、复垦期限、复垦保证金收取、复垦违约的处置等约定内容，对设施农用地使用期限届满，可及时做好土地复垦工作。

四、风险防范措施

（一）风险类型

1. 刑事风险

在土地供应、使用等环节，涉及土地触犯《刑法》的主要有非法占用农用地罪；非法批准征用、占用土地罪；非法低价出让国有土地使用权罪；非法转让、倒卖土地使用权罪；非法占用耕地罪及渎职、滥用职权类罪名。

上述行政主管部门刑事风险可能构成犯罪的主要是批准环节及低价出让国有土地环节，土地使用权人主要刑事风险可能构成犯罪的有非法占用、破坏土地用途、非法牟利为目的的破坏土地管理秩序行为。据无讼案例信息的不完全统计，非法批准征用、占用土地罪信息 52 件、非法低价出让国有土地使用权罪信息 10 件、非法占用农用地罪信息 15，461 件、非法转让倒卖土地使用权罪信息 1774 件、非法占用耕地罪信息 90 件。土地供应及使用环节已是刑事风险的高发、多发区。从土地供应及使用类型分析，主要聚集在农用地，可以看到在扶贫领域多集聚在农业产业方面，土地供应及使用更应引起重视和注意。

2. 行政风险

行政风险主要包括土地使用审批、征收、规划等方面，既包括政府及自然资源管理部门的行政行为违规问题，如土地出让、土地登记、土地违规执法等环节，也包括土地使用者违规使用土地问题，如违法用地、闲置土地、改变土地用途等情形。部分区域存在招商引资难，经济发展活力有限等弊端时，可能存在领导交办，迫于压力未严格按照规定程序实施问题，未按照规定时间实施等情形。有些地方受季节影响，全年度仅有半年度施工周期，正常行政审批程序受主管部门多、交叉审批事项多、工作周期长等因素的影响，如完全按程序实施，当年度很难完成，如当地经济发展不发达，引招商引资更加艰难，产业扶贫深受影响，给行政部门造成压力。图 3-3 为检索土地有关行政案件的主要关键词及类型：

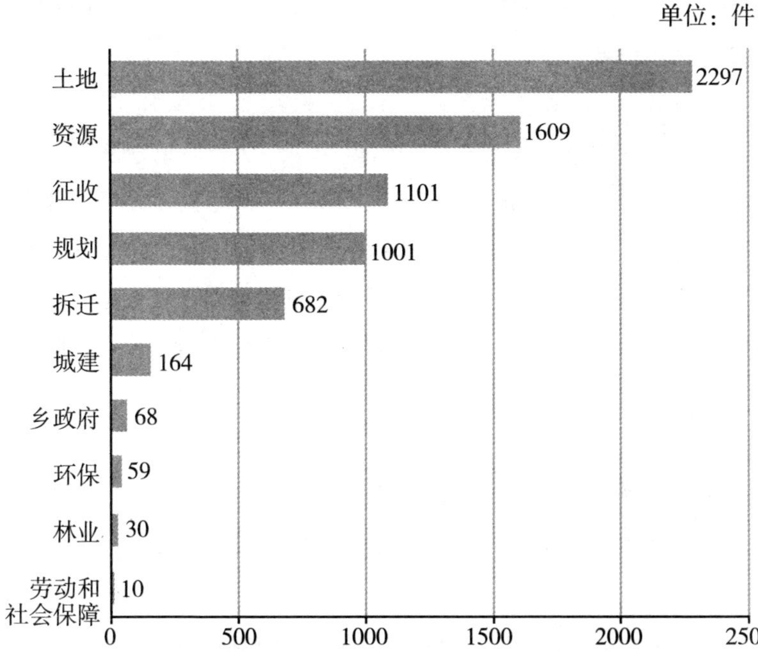

图 3-3　检索土地有关行政案件的主要关键词及类型

3. 民事风险

产业扶贫中，协议贯穿始终。无论是政府产业扶贫中的招商引资，还是招商引资企业生产环节、人力资源环节、或是销售环节都需要大量的协议为支撑。无论是扶贫产业的“公司 + 农户 + 政府”的合作，还是保障农户受损，扶贫资金使用合规安全也都处处存在重大风险。因此，民事风险无处不在。

（二）风险防范措施

1. 制度引领

除国家法律法规的规定外，设定工作人员岗位制度，对工作时间、工作内容、工作方式全程制度化，通过制度开展各项工作内容，保障有序、有责、有时制度的工作模式，指导工作人员严谨认真开展各项工作内容。

2. 流程化、标准化

因土地使用者受文化水平、地域、年龄、法律政策众多、部门交叉较多等因素的影响，很多土地使用者，并不清楚具体如何办理，需要准备何种材料，具体办理事项的工作周期、文书填写方式等内容，需要按照“小白”角色，按照资料顺序、填写规范、制度要求、等待周期等设定办理视频、工作流程、文书范本等内容，指导土地使用者依法依规办理，提高办事效率，提高办事质量，公开透明处理。

3. 设定禁止令

无论土地出让、协议出让、划拨，还是设施农用地、集体经营性建设用地等，均应告知禁止使用的范围，强化宣传，让“不可为”事项设定禁止令，犹如党政机关的“八项规定”深入土地使用者意识。避免不知为、不可为界限不清、责任不清等情形。

（三）风险防范的模式

1. 专业化团队保障

成功的产业发展，必须具备法律、财务、管理、生产和销售等方面的专业技术力量。作为政府主导和监管的扶贫项目，不能单纯地依靠企业的力量，尤其是在“企业以逐利”为原则的大背景下，如何保障政府既要能支持企业发展，又要能避免“受伤”很关键。因此通过购买服务的方式，搭建专业化团队做好预防、支持、保障工作，才能在产业扶贫的道路上走得更好更远。

2. 设立监督体检机制

在产业扶贫项目中设立“监督管理委员会”，从制度上、流程上、土地供应、土地使用上等环节建立长效监督模式，以项目跟踪监督，拟定监督月志或季志，避免出现“大病、重病”的发生，通过年中、年终体检方式，检查年度产业扶贫中的问题，及时纠错和备查，保障产业扶贫进入正轨良性轨道。

综上所述，扶贫项目中土地供应在法律、法规、政策及地方区域特点等方面，涉及内容较多，知识点繁多，单一部门负责已很难满足多样化的特点，如何通过有效的途径和措施化解风险、分解风险，是我们大家都应当重视、考虑等内容。本书根据日常经验和结合相关规定，提出一些看法和想法，期望能够给广大扶贫道路上的千千万万人员给一些思路和启发。

第五节　项目公司管理运作与风险防范

实践中，按照产业扶贫组织模式，一般分为龙头企业带动型和合作社或大户带动型两种。龙头企业带动型通常以“龙头企业 + 贫困户”“龙头企业 + 合作社 + 贫困户”“龙头企业 + 基地 + 合作社 + 贫困户”“政府 + 龙头企业 + 贫困户”等组织形式合作社；大户带动型有“专业合作社 + 贫困户”“产业大户 + 贫困户”“合作社 + 基地 + 贫困户”几种常见形式。本书重点以“龙头企业 + 产业基地 + 合作社 + 贫困户”的常见组织模式，对项目公司管理运作及风险防范作讨论分析。

一、项目公司管理运作方式

在“龙头企业＋产业基地＋合作社＋贫困户”的组织模式中，通常做法，针对某个产业扶贫项目，贫困户通过资金、土地、生产资料入社方式成立农民专业合作社，由农民专业合作社通过带资入股、资产折股量化、土地流转、订单农产品等方式与龙头企业开展合作；龙头企业则按照标准化、产业化、规模化的方式发展扶贫产业，实现贫困户劳务、土地、分红多重受益的脱贫帮扶模式。这种脱贫模式旨在把企业的责任、政府的责任、贫困户的责任，具体明确合同化，既有效地保证了资金的使用效率，又提升了脱贫攻坚工作的水平，切实发挥了龙头企业带动农户增收的目的。项目公司管理运作过程中主要包括龙头企业、农民专业合作社和贫困户三方主体。

（一）龙头企业

《国务院扶贫办关于完善扶贫龙头企业认定和管理制度的通知》中，对龙头企业的认定条件、认定程序作了明确规定，企业应具有独立法人资格，产权清晰，管理有序，有一定的经济效益，所选扶贫项目应符合脱贫攻坚规划。在产业项目的具体实施过程中，龙头企业通过成立项目公司（有限公司方式为主）的方式为载体进行项目实施、运作和管理。

> 规范指引：
>
> 《国务院扶贫办关于完善扶贫龙头企业认定和管理制度的通知》
>
> 二、认定条件
>
> （一）依法合规经营。企业应具有独立法人资格，产

权清晰，管理有序，有一定的经济效益，所选扶贫项目应符合脱贫攻坚规划。

（二）建立稳定的带贫减贫机制。企业应履行扶贫责任，通过发展产业自觉带动贫困户增收脱贫，包括吸纳贫困劳动力稳定打工就业、流转贫困户土地经营权参与产业化经营、整合扶贫和涉农资金投入项目形成资产折股量化给贫困村和贫困户等形式。

（三）具有明显的脱贫成效。扶贫龙头企业应带动一定数量的贫困人口，通过产业化经营所取得的扶贫收益或分红，应通过设立公益岗位、开展公益事业、奖励补助等方式分配给贫困村集体或由贫困户共享。

（二）农民专业合作社

农民专业合作社是农民自愿联合、民主管理的互助性经济组织，是贫困地区政府发展特色产业依托的主要组织平台。根据《农民专业合作社法》的规定，农民专业合作社，是指在农村家庭承包经营基础上，农产品的生产经营者或者农业生产经营服务的提供者、利用者，自愿联合、民主管理的互助性经济组织。

规范指引：

《农民专业合作社法》

第二条 本法所称农民专业合作社，是指在农村家庭承包经营基础上，农产品的生产经营者或者农业生产经营服务的提供者、利用者，自愿联合、民主管理的互助性经济组织。

第十三条 农民专业合作社成员可以用货币出资，

也可以用实物、知识产权、土地经营权、林权等可以用货币估价并可以依法转让的非货币财产，以及章程规定的其他方式作价出资；但是，法律、行政法规规定不得作为出资的财产除外。

农民专业合作社成员不得以对该社或者其他成员的债权，充抵出资；不得以缴纳的出资，抵销对该社或者其他成员的债务。

（三）贫困户

当前，全国对贫困对象的认定最关键的指标是收入指标，也就是农村居民人均可支配收入。贫困户识别以农户收入为基本依据，综合考虑住房、教育、健康等情况，通过农户申请、民主评议、公示公告和逐级审核的方式，整户识别。按照国务院扶贫办最新的建档立卡贫困户类型分类，将原指标体系的扶贫户调整为一般贫困户，扶贫低保户划入低保贫困户，调整后的建档立卡贫困户分为三类：一般贫困户、低保贫困户、五保贫困户。有劳动能力的贫困户列入扶贫开发对象，无劳动能力的农户通过社会保障政策解决。

据国家统计局全国农村贫困监测调查，按现行国家农村贫困标准测算，2018 年年末，全国农村贫困人口 1660 万人，比上年末减少 1386 万人；贫困发生率 1.7%，比上年下降 1.4 个百分点。分三大区域看，2018 年东、中、西部地区农村贫困人口全面减少。东部地区农村贫困人口 147 万人，比上年减少 153 万人；中部地区农村贫困人口 597 万人，比上年减少 515 万人；西部地区农村贫困人口 916 万人，比上年减少 718 万人。

二、项目公司管理运作存在的问题

在"龙头企业 + 产业基地 + 合作社 + 贫困户"组织模式中，项目公司管理运作过程中从项目公司设立、管理、扶贫资金监管三个阶段分析实践中存在的主要问题。

(一)设立阶段

1. 出资入股方式不规范的问题

产业扶贫项目在采取入股分红的模式中，项目公司的设立，根据《公司法》的规定，合作社或者贫困户应当按照认缴出资额将资金或资产依法投入到龙头企业在当地设立的项目公司中去，依法享受股东权利、承担股东义务。而在实践中，龙头企业为了管理方便、自主经营的现实需要，往往不愿意合作社或贫困户入股成为真正法律意义的项目公司股东。此种情形下，为了解决企业资金需要和扶贫资金投入项目公司的问题，双方往往采用名为入股、视为借款性质的方式签订投资入股协议，造成股权关系、资金关系、收益分配关系法律性质不清楚。而且，扶贫资金以借款方式直接投入项目公司也不符合现行国家政策、法律法规规定的扶贫资金使用用途，属于违规行为。

规范指引：

《公司法》

第二十六条 有限责任公司的注册资本为在公司登记机关登记的全体股东认缴的出资额。

法律、行政法规以及国务院决定对有限责任公司注册资本实缴、注册资本最低限额另有规定的，从其规定。

第二十七条 股东可以用货币出资，也可以用实物、知识产权、土地使用权等可以用货币估价并可以依法转让的非货币财产作价出资；但是，法律、行政法规规定不得作为出资的财产除外。

对作为出资的非货币财产应当评估作价，核实财产，不得高估或者低估作价。法律、行政法规对评估作价有规定的，从其规定。

《公司登记管理条例》

第十四条 股东的出资方式应当符合《公司法》第二十七条的规定，但是，股东不得以劳务、信用、自然人姓名、商誉、特许经营权或者设定担保的财产等作价出资。

2. 农民专业合作社设立不规范的问题

主要表现为两方面的问题：一方面，一些地方为了成立上的便利，直接利用既存的农民专业合作社、农民专业合作社联合社与龙头企业进行合作，而往往该既存合作社存在管理不规范、债权债务纠纷等问题，容易产生管理混乱、权属不清、法律诉讼争议问题，影响合作社与龙头企业之间的合作关系，存在损害贫困户利益和扶贫资金安全的法律风险。另一方面，贫困户在新设立农民专业合作社中，也存在成员身份、成员数量所占比例不合法、不规范的情形。根据《农民专业合作社法》规定，农民专业合作社应当有 5 名以上的成员，其中农民至少应当占成员总数的 80%。成员总数 20 人以下的，可以有 1 个企业、事业单位或者社会团体成员；成员总数超过 20 人的，企业、事业单位和社会团体成员不得超过成员总数的 5%。具有管理公共事务职能的单位不得加入农民专业合作社。而在实践中，很多农民专业合作社中非农人数和单位往往超过了法律规定比例。

规范指引：

《农民专业合作社法》

第十九条 具有民事行为能力的公民，以及从事与农民专业合作社业务直接有关的生产经营活动的企业、事业单位或者社会组织，能够利用农民专业合作社提供的服务，承认并遵守农民专业合作社章程，履行章程规定的入社手续的，可以成为农民专业合作社的成员。但是，具有管理公共事务职能的单位不得加入农民专业合作社。农民专业合作社应当置备成员名册，并报登记机关。

第二十条 农民专业合作社的成员中，农民至少应当占成员总数的百分之八十。

成员总数二十人以下的，可以有一个企业、事业单位或者社会组织成员；成员总数超过二十人的，企业、事业单位和社会组织成员不得超过成员总数的百分之五。

（二）管理阶段

1. 缺乏对项目公司管理运作的监督

在“龙头企业＋产业基地＋合作社＋贫困户”组织模式中，贫困户通过成立农民专业合作社作为中介，与项目公司开展入股分红、农产品订单等方式合作，作为双方利益联结的中间环节。而农民专业合作社往往在向项目公司投入资金或者签订农产品订单合同后，并不实际参与项目公司的经营管理，而是交由龙头企业全权负责项目公司经营管理工作，作为股东和合作伙伴缺乏对项目公司经营管理的参与、监督。此种情形下，在经济利益的驱动下，项目公司很容易作出损害农民专业合作社、贫困户合法权益的行为。

2. 缺乏对农民专业合作社管理运作的监督

在“龙头企业＋产业基地＋合作社＋贫困户”组织模式中，贫困户往往仅关注每年的固定分红、劳动收益等报酬，并不重视对农民专业合作社的监督管理，而且很多贫困户对作为农民专业合作社成员依法享有的社员权利并不清楚，使得设立农民专业合作社流于形式。此种情形下，也容易产生农民专业合作社管理人员作出损害本社经济利益和成员贫困户利益的行为。

规范指引：

《农民专业合作社法》

第二十一条 农民专业合作社成员享有下列权利：

（一）参加成员大会，并享有表决权、选举权和被选举权，按照章程规定对本社实行民主管理；

（二）利用本社提供的服务和生产经营设施；

（三）按照章程规定或者成员大会决议分享盈余；

（四）查阅本社的章程、成员名册、成员大会或者成员代表大会记录、理事会会议决议、监事会会议决议、财务会计报告、会计账簿和财务审计报告；

（五）章程规定的其他权利。

第三十六条 农民专业合作社的理事长、理事和管理人员不得有下列行为：

（一）侵占、挪用或者私分本社资产；

（二）违反章程规定或者未经成员大会同意，将本社资金借贷给他人或者以本社资产为他人提供担保；

（三）接受他人与本社交易的佣金归为己有；

（四）从事损害本社经济利益的其他活动。

理事长、理事和管理人员违反前款规定所得的收入，应当归本社所有；给本社造成损失的，应当承担赔偿责任。

3. 项目公司自身管理运作能力不高

在“龙头企业 + 产业基地 + 合作社 + 贫困户”组织模式中，通常项目公司都是龙头企业在当地新设立的公司，专门负责某个产业扶贫项目。一方面，作为新设公司在管理能力、资金实力、技术能力、市场能力等方面还偏弱、不成熟，一旦遇到市场波动或者资金短缺，抵御风险能力不足。另一方面，项目公司内部也存在组织结构不完整、财务管理不健全等问题，且在人、财、物缺乏的广大贫困地区，短时间内引进高素质、高层次的管理人才也是一大瓶颈，也影响到了项目公司规范管理、科学运作、有序经营的健康发展。

（三）扶贫资金监督管理

在“龙头企业 + 产业基地 + 合作社 + 贫困户”组织模式中，项目公司可以享受到多方面的扶贫优惠政策支持。例如，政府为项目公司配套建立扶贫车间，给予税收优惠政策减免，财政补贴等方方面面的优惠政策。但在实践中，由于缺乏对投入扶贫资金和资产的有效监管，仍然存在大量企业或个人借产业扶贫项目的名义，虚报项目、提供虚假材料骗取、套取扶贫资金的违法违规行为，侵占国家扶贫资金，损害贫困户利益。

典型案例：

武定县人民政府扶贫开发办公室原副主任唐某伙同他人套取产业扶贫资金案例

2013 年 10 月至 2015 年 11 月，武定县人民政府扶贫开发办公室原副主任唐某违反国家法律法规规定，利用分管产业扶贫武定壮鸡养殖项目的便利，伙同壮鸡鸡苗供应商，利用虚假报账材料骗取产业扶贫资金合计102,740 元。2018 年 3 月 2 日，县纪委给予唐某开除党籍处分。涉嫌违法问题移送司法机关依法处理。

三、项目公司管理运作风险防范

在上文讨论分析的基础上，下文对项目公司管理运作的风险防范提出如下几方面的工作建议：

（一）建强“两委”班子，发挥引导、监督工作

首先是配齐配强村两委领导班子。将能够认真贯彻执行党委、政府方针政策，积极服务群众，并具有较强致富能力和开拓创新精神的专业大户、大中专毕业生、复转军人、致富带头人等选拔为班子成员，不断提高村“两委”班子战斗力。其次是坚持党社联建。实施村党支部与农民专业合作社管理层交叉任职，采取由村支书兼任合作社监事长，村支部副书记兼任合作社理事长，村主任、文书等兼任合作社监事员的做法，加强农民专业合作社能力建设。最后是着力发挥党员先锋模范作用。制定实施“三服务、三发展”（注：“三服务”为服务群众、服务园区、服务合作社；“三发展”为抓经济产业发展，抓集体经济发展，抓新农村建设发展工作制度），开展党员承诺、党员示范岗获得，发挥社里党员先锋模范作用。

通过建强“两委”班子，夯实合作社发展基础，建立起与龙头

企业的规范有序合作方式、工作机制，切实发挥好“两委”班子在合作社与龙头企业产业扶贫合作中引导、监督作用，保障扶贫资金安全、维护贫困户利益，助推贫困户脱贫致富。

（二）建立健全合作社内部管理制度

一是加强对《农民专业合作社法》等法律法规知识培训、宣讲，让加入农民专业合作社的贫困户熟悉和掌握作为社员享有的基本权利、义务，积极参与合作社民主管理、监督管理。二是建立健全《合作社章程》《合作社社务公开制度》《合作社民主管理支队》等制度，设立固定的财务公开栏，定期召开成员大会、理事会、监事会，公布财务会计报告、会计账簿和财务审计报告。三是重视与龙头企业之间的产业扶贫项目有关合同的交底制度，让社员了解和掌握双方合作模式、收益分配方式、权利义务、违约责任等核心条例，加强合同履行能力、监督能力。

（三）加强项目公司管理运作能力建设

一是严格按照《公司法》《合同法》等法律法规规定，依法依规做好项目公司设立、资本金注入工作，理顺厘清股权关系、合同关系，规范公司管理运营。二是建立健全公司法律治理结构，发挥股东会、董事会、监事会作用，重视契约精神和建章立制工作，依法依章行使股东权利，参与到项目公司重大经营决策、日常管理工作中去，建立权责对等、运作协调、有效制衡的法律治理结构，防治“两张皮”随意侵害贫困户利益的行为。

（四）重视人才引进和本土人才培养工作

一是通过“东西部协作”“专业人才服务三区计划”“志愿者服务”“大学生村官”等方式，为贫困地区引进各类农村生产型、经营型、技能服务型人才，帮助解决经济发展、经营管理、技术瓶颈等热点难点问题。二是鼓励外出务工农民带技术、带资金、带管理回乡创业，挖掘培养本农村实用人才带头人，扶持产业带头人和各类专业技术人才办理产业合作社，引导致富能力自发自办产业合作社。通过“引进来”“走出去”相结合的方式，引进和内培各类应用型、复合型、技能型人才，壮大农村各类人才队伍建设，发挥农民作为农村经济发展、脱贫攻坚的主体作用，充分调动农民参与合作社的积极性，把农村专业合作社真正建设成为带领广大群众脱贫致富的有效平台。

第六节　产业扶贫项目资金管理风险防范

产业扶贫涉及对象最广、涵盖面最大，事关脱贫攻坚的关键。产业扶贫的根本目的是确保产业扶贫产生扶贫效益，带动广大贫困户脱贫致富。确保产业扶贫资金和项目安全，减少风险，是加强产业扶贫资金项目管理的核心，也是县级区域以及第三方中介共同努力追求的方向。

一、产业扶贫的重要意义

党的十八大以来，我国步入全面建成小康社会新阶段。农村贫困地区成为全面建成小康社会的重点和难点。“授人以鱼，不如授人以渔”。脱贫问题，最终需要依靠贫困地区自身发展来解决。帮助贫困人口通过发展农业生产提高收入，摆脱贫困，是我国开发式扶贫的基本路径。

改革开发之初，我国农村居民处于普遍贫困状态，正是通过实施家庭承包经营责任制等改革措施释放农户发展生产的积极性、主动性，1978 年至 1985 年农村经济的快速发展，使得上亿贫困人口解决了温饱问题，摆脱了贫困。之后，随着市场经济发展和大规模农村劳动力向城镇非农就业转移。贫困农户非农收人快速增加，保持了农村大规模减贫的持续进程。

当前，我国贫困人口越来越集中于深度贫困地区。这些地区往往地处偏远山区、少数民族聚集地区，交通不便、信息不灵、生态脆弱、发展基础差，扶贫开发既面临生态修复治理和保护环境的重任，又面临产业发展难、脱贫成本高的困境。在政府、社会、市场多元贫困治理格局中，某方力量的变化会改变贫困治理格局，非来治理困境问题。当经济增长带动减贫强劲时，政府贫困治理中存在的一些问题以及减贫效益不高，并不会对减贫大局产生较大影响。但当经济带动减贫羽化后，如果公共力量特别是政府贫困治理能力问题仍未得到根本性解决，则会影响减贫进程及效果乃至格局，比如导致贫困结构化问题等。长期以来，我国政府贫困治理中扶贫瞄准偏离问题一直没能很好解决，不少扶贫项目粗放“漫灌”、针对性不强等问题还比较普遍。我国提升扶贫标准后，贫困人口大幅增加。其中相当一部分剩余贫困人口贫困程度深、致贫原因复杂、自我发展能力弱、返贫现象突出。这些贫困人口较难通过经济增长带动减贫，政府传统扶贫治理方式效果已经十分有限。而这些贫困人口问题的有效解决将会影响全面建成小康社会目标的如期实现，甚至会通过贫困代际传递造成贫困固化。

面对新形势下深度贫困地区、深度贫困人口的脱贫攻坚任务，党的十九大报告明确提出，要动员全党全国全社会力量，坚持精准扶贫、精准脱贫，坚持大扶贫格局，注重扶贫同扶志、扶智相结合，深入实施东西部扶贫协作，重点攻克深度贫困地区脱贫任务，做到脱真贫、真脱贫。《中共中央　国务院关于打赢脱贫攻坚战的决定》明确创新扶贫开发模式，由偏重“输血”向注重“造血”转变。以往的扶贫开放偏重简单的“输血”，没有从根本上解决贫困问题；“造血”就上让贫困地区通过培养特色产业、提高自我发展能力彻底解决贫困问题。产业扶贫是给贫困地区“造血”的有效方式，它也将成为现阶段脱贫攻坚战中的“主武器”。

2015年，《中共中央　国务院关于打赢脱贫攻坚战的决定》发布后，农业部部长韩长赋说：“产业扶贫涉及对象最广、涵盖面最大，不仅要解决7000万贫困人口中3000万人的脱贫问题，而且易地搬迁脱贫、生态保护脱贫等其他‘四个一批’都离不开产业扶贫这个支撑，一定要唱好、唱响、唱红。”

二、产业扶贫项目主要资金来源

随着国家精准扶贫战略的不断深入，如何提高扶贫对象稳定增收能力、实现贫困户立足自身脱贫致富，在扶贫工作中显得尤为重要。因地制宜，发展特色产业无疑是激发贫困户内生动力实现脱贫致富的最佳方式，但是缺乏资金是其中最大的障碍。如果没有一定的扶贫资金支持，通过自身发展产业脱贫致富便无法实现。因此国家出台政策解决产业扶贫资金短缺问题，目前投入产业扶贫的资金主要来源于财政扶贫资金、扶贫小额信贷、新型经营主体投资等。

（一）财政扶贫资金

1. 财政扶贫资金的范围

财政扶贫资金是指各级人民政府从财政预算专项安排，用于支持农村贫困地区、贫困人口直接收益的各项涉农资金。

（1）财政专项扶贫资金

2017年3月，财政部、国务院扶贫办等六部委联合印发《关于印发〈中央财政专项扶贫资金管理办法〉的通知》（财农〔2017〕8号）；2017年8月，新疆维吾尔自治区财政厅、扶贫办等七部门联合制定《关于印发〈新疆维吾尔自治区财政专项扶贫资金管理办法〉的通知》（新财扶〔2017〕32号）均明确界定：财政专项扶贫资金就是指中央和自治区财政通过一般公共预算安排，支持各地用于精准扶贫、精准脱贫的专项资金。各地州、县市地方财政预算安排的专项扶贫资金也属于财政专项扶贫资金。

（2）财政统筹整合使用涉农资金

2016年国务院办公厅下发了《关于支持贫困县开展统筹整合使用财政涉农资金试点的意见》（国办发〔2016〕22号）文件，指出要实行中央统筹、省负总责、市县抓落实的工作机制，改革财政涉农资金管理使用机制，赋予贫困县统筹整合使用财政涉农资金的自主权，试点“多个渠道引水、一个龙头放水”的整合使用财政涉农资金新措施，以达到统筹整合使用财政涉农资金、撬动金融资本和社会帮扶资金投入扶贫开发、提高资金使用精准度和效益、确保如期完成脱贫攻坚任务。各级财政安排用于农业生产发展和农村基础设施建设等方面资金纳入统筹整合使用范围的资金。

2. 财政扶贫资金使用范围

财政扶贫资金使用按照中央和自治区脱贫攻坚目标任务，结合当地脱贫攻坚规划和年度实施计划，围绕培育和壮大贫困地区产业、改善小型公益性生产生活设施条件、增强贫困人口自我发展能力和抵御风险能力，用于支持有利于落实“七个一批”“三个加大力度”的项目，有利于贫困户实现“两不愁、三保障”“一超过”目标的项目，有利于改善贫困村村容村貌、基础设施、公共服务的项目，有利于巩固提升脱贫成果的项目，有利于带贫、减贫、益贫的项目，因村因户施策、因地制宜，做到扶贫资金到村到户到人、精准高效。

《关于印发〈中央财政专项扶贫资金管理办法〉的通知》明确了扶贫资金使用的三大支出方向和负面清单，形成了扶贫资金项目安排的基本原则和界限。不再具体规定能支出的范围（或项目），采用支出方向和负面清单的形式，赋予地方更大的资金使用自主权。

（1）三大支出方向

围绕培育和壮大贫困地区特色产业；改善小型公益性生产生活设施条件；增强贫困人口自我发展能力和抵御风险能力。

（2）负面清单

扶贫资金的支出范围是宏观的，不能支出的内容是微观具体的，扶贫资金不得用于下列九方面支出：行政事业单位基本支出；购买交通工具及通讯设备；各种奖金、津贴和福利补助；弥补企业亏损；修建楼堂馆所及贫困农牧场、林场棚户改造以外的职工住宅；弥补预算支出缺口和偿还债务；大中型基本建设项目；城市基础设施建设和城市扶贫；其他与脱贫攻坚无关的开支。

（3）项目管理费

项目管理费专门用于项目前期准备和实施、资金管理相关的经费开支。明确县级为项目管理费的使用主体，按最高不超过1%的比例据实列支项目管理费。

（二）扶贫小额信贷

2014年12月，《关于创新发展扶贫小额信贷的指导意见》（国开办发〔2014〕78号）正式提出了扶贫小额信贷。扶贫小额信贷主要是指由县级人民政府提供风险补偿，由银行业金融机构对辖内国家建档立卡贫困户发放的5万元以下、3年期以内、免担保免抵押、基准利率放贷、财政贴息的贷款。贷款主要用于贫困户发展特色优势产业，增加收入。

扶贫小额信贷是专门为建档立卡贫困户获得发展资金而量身定制的扶贫贷款产品。凡有劳动能力、有贷款意愿、有良好个人信用、有产业发展项目、有就业创业潜质、技能素质和一定还款能力的建档立卡贫困户都有资格申请贷款额度为5万元以下，期限为3年以下的扶贫小额贷款。

扶贫小额信贷的特点：一是手续简便，贫困户不需要向银行提供抵押或担保。二是成本低，贫困户不需要承担贷款利息，贷款利息由当地财政承担。三是期限长，贷款最长期限可达3年，并且可以循环使用，随还随贷。

（三）新型经营主体投资

《中共中央　国务院关于打赢脱贫攻坚战的决定》提出：要加强贫困地区农民合作社和龙头企业培育，发挥其对贫困人口的组织和带动作用，强化其与贫困户的利益联结机制。农民合作社和龙头企业等是连接贫困农户和市场的桥梁，也是健全并完善产业价值链的主体力量。《贫困地区发展特色产业促进精准脱贫指导意见》也强调要发挥新型经营主体的带动作用，培育壮大贫困地区种养大户、农民合作社、龙头企业等新型经营主体，支持通过土地托管、牲畜托养、吸收农民土地经营权入股等途径，与贫困户建立稳定的带动关系，带动贫困户增收；支持新型经营主体向贫困户提供全产业链服务，切实提高产业增值能力和吸纳贫困劳动力就业能力。

贫困户自身的脱贫能力比较薄弱，在发展产业方面思路较窄、开拓能力不足、缺乏作出正确经营发展决策的能力，且在市场信息获得方面处于弱势地位，因而要借助市场力量带动贫困户发展，形成脱贫增收的合力，提高扶贫效益。目前，扶贫产业项目主要由种养大户、农民合作社、龙头企业等新型经营主体来实施，其投资主要来源于自有资金、银行贷款等。

三、当前产业扶贫项目资金管理面临的挑战

随着《国务院扶贫开发领导小组关于改革财政专项扶贫资金管理机制的意见》（国开发〔2014〕9号）中确定的改革措施的不断深入，扶贫资金审批权限全面下放到县，由县级层面承担扶贫资金的主体责任，产业扶贫资金投入的合力已经形成，但如何确保扶贫资金安全面临巨大的挑战。

（一）产业扶贫资金规模较大

从我们接触的深度贫困地区的南疆四地州的产业扶贫项目为例，产业扶贫项目资金少则上百万元，多则上亿元，承担着带动贫困村、贫困户脱贫致富的任务。产业扶贫项目一旦出现问题，面临产业扶贫资金无法兑现效益以及脱贫攻坚任务没有办法完成的风险。

（二）产业扶贫项目资金来源渠道广

产业扶贫项目资金涉及财政扶贫资金、惠农资金、政府贴息贷款、贫困户自有资金、市场主体投资、金融资金、政府补贴等。资金的类型不同，使用规定就各不相同，如何确保资金使用合规性面临巨大挑战。

（三）产业扶贫项目实施主体选择难

特色产业成功与否，更多取决于项目实施主体是否选的好选的准。由于深度贫困地区，长久以来市场经济并未得到有效发展，导致本土的市场主体无论是数量和质量都是有限的，这就势必意味着

产业扶贫项目的实施主体更多只能通过引入外地市场主体前来投资。但是有实力的企业不愿意来，没有实力的企业都想来试一试。如何选好选准项目实施主体面临艰难选择。

（四）产业扶贫项目资金追责过于严格

市场经济与计划经济的最大区别就是在于是否遵循市场规律，是否承担市场风险。在市场经济里，任何一个投资项目都会面临市场风险。没有任何一个市场主体能确保投资的每个项目投资都能成功，都会面临项目流产、中止、延期、放弃、失败等损失。产业扶贫项目既然是由市场主体来实施的，那么也必然会承担市场风险，有可能成功，也有可能是失败。市场是变化的，市场是有风险的，但是目前县级层面产业扶贫资金面临着不用、少用、迟用、错用等统统要追责的严格局面。

（五）管理水平与资金规模不相适应

产业扶贫项目的审批权已经全面下放到县级层面，但是深度贫困地区从来没有面临要花这么多钱、要实施这么多项目的局面，就是说管理经验是严重缺乏的。同时，贫困户以及成立专业合作社，由于受到知识、市场限制，基本上都不懂管理、不懂经济。

正如前述，深度贫困地区市场经济发展有限，无论是政府还是贫困村、贫困户，懂管理、懂项目、懂市场的人才都是严重不足的，就会使产业发展思路、市场信息获得诸多方面处于弱势地位。一方面，政府任务重，但人力和精力有限；另一方面，专业合作社、贫困户不懂管理不懂经济，如何确保产业扶贫项目顺利实施面临巨大挑战。

四、当前产业扶贫项目面临的主要风险

产业扶贫的重要性不言而喻，既具有独特的优势，但也会面临

很多的风险，根据产业扶贫过程进行区分，大概上分为：项目选择的风险、项目实施风险、项目市场风险、项目收益风险等。

（一）项目选择风险

扶贫资金的审批权限已经全面下放到县级，其是产业扶贫政策的具体执行者，直接决定着对产业扶贫项目的选择。与此同时，如果县级层面选择缺乏科学性、廉洁性，反而会使产业扶贫项目面临一系列风险。

其中涉及的主要问题有三个方面，即项目选择失当、政策支持中断、执行中的权力滥用。

1. 项目选择失当

项目的选择是否适合当地实际情况，是否有市场发展前景，直接关系到扶贫的效果。如果项目选择时没有收集到足够的必要信息，或对项目的可行性进行分析论证，就会导致判断失当。如某县组织贫困户实施了黑木耳产业扶贫项目，由于地处荒漠区，风沙较大，尤其是季节交替时易出现沙尘、浮尘天气，导致种植出的木耳含沙量严重超标，木耳无法销售，最终导致项目失败。

2. 政策支持中断

产业扶贫项目需要较长的培育周期，需要稳定和连续的政策支持。如果由于政策变化而使产业扶贫项目失去必要的政策支持，就会使项目的前期投入前功尽弃。例如，光伏产业对政策高度依赖，非连续的政策变动会给该产业的发展带来极大的不确定性。在光伏扶贫推动之初，为促使企业尽快步入投资、产出进程，国家制定了一系列的扶持和补贴政策。但随着光伏产业规模的不断扩大，初始投资补贴被取消，补贴金额下降、范围缩小，西部地区弃光限电，这些都对处于建设周期的光伏产业产生严重的影响。

3. 执行中的权力滥用

产业扶贫涉及公共资源的投入，如果监管出现漏洞，在项目执行中可能会出现滥用职权谋取私利行为。一些干部弄虚作假，冒领、骗取、截留、私分专项资金，使得产业扶贫项目得不到应有的政策资金支持。例如，某县扶贫办在实施扶贫产业开发肉牛养殖项目中，以明显高于市场的价格购买幼牛并将差价 15 万元转嫁给农户。还有一些基层干部在利益的驱使下与企业进行非法交易，利用不正当手段使不符合标准的企业进入扶贫领域，影响扶贫项目的有效性和真实性。例如，某县在进行扶贫产业项目招标过程中，从条件公示到报名截止仅 2 天时间，在有参与意向的企业中只有 1 家公司报名成功，其他 11 家企业均被指“陪跑”。

（二）生产风险

产业扶贫项目的生产环节是由贫困户和帮扶企业一起来承担的。这一过程中的主要风险包括生产技能缺失、生产积极性不足和生产资金链断裂。

1. 生产技能缺失

生产过程需要相应的技能，但如果贫困户缺乏产业所需的相关技能，就无法应对生产中产生的各种技术问题，导致生产过程的失败。在传统农业中，贫困户的受教育水平通常较低，主要依赖经验进行种养。但新品种的培育和饲养需要养殖户掌握基本的生产和病虫害防治技术，否则会影响成活率，出现农户付出较大心血但效果有限的现象。例如，某村的大棚产业扶贫缺乏技术，在第一年种植蔬菜时晚了一个月，致使蔬菜受到了冻害，亏损 200 多万元。电商产业要求参与的贫困户掌握网店运营的一系列技术，如网络宣传、后台管理等，如果贫困户未掌握必要的技术手段和营销手段，众多贫困村网店运营就很难获得成功。

2. 生产积极性不足

贫困户是产业扶贫项目的生产承担者，如果他们对产业扶贫项目缺乏必要的热情和生产积极性，生产过程就无法完成。例如，某地为一贫困村提供了120只母羊，同时派技术员下乡，提供饲养管理、专业防疫、母羊配种等技术服务。但120只“扶贫羊”被村民吃剩了不到60只。2016年，某贫困区引进一家种牛公司并牵线将贫困户贴息贷款入股种牛公司，每年每户贫困户可以拿到4000元“分红”。2017年，为让贫困户参与到扶贫产业中来，在县委、县政府主导下，4000元“分红”不再直接发放给贫困户，而是向贫困户发放一头牛犊。但某贫困户由于上年直接领过4000元现金分红，不想饲养牛犊而想直接拿到现金，于是到乡政府大闹。

3. 生产资金链断裂

产业扶贫项目在投入生产前期，需要进行大量基础设施建设以及原料投入等，一旦资金链断裂就会导致项目停滞，前期的资金投入都成为无法收回的成本。特别是光伏产业、旅游产业等需要长期投入的项目，由于资金来源渠道的局限性，常常会面临资金链断裂风险，导致后期项目难以持续。例如，某乡镇引进产业项目，动员贫困户将土地流转给项目公司具体实施。公司租地时对外宣称发展农业产业园区推动农村经济发展。两年之后，投资方资金链断裂导致项目烂尾，致使70余亩土地荒废，群众土地租金两年多没有着落。再如，某养羊专业合作社与某公司合作实施产业扶贫项目。在项目上马以后，由于公司迟迟未按承诺在规定时间内注资，导致资金链断裂，使专业合作社举债上千万元后，无法继续经营。

（三）市场风险

产业扶贫项目的成功，不仅依赖于政府和贫困户自身的努力，还受制于市场的供求关系。这类风险主要包括产品滞销、销售合同违约和无法借贷还贷。

1. 产品滞销

生产出的产品需要销售，但如果生产规模超出了市场需求，就会导致产品过剩而滞销。在旅游扶贫项目方面，一些地区的旅游产品高度同质化，无法吸引市场目光。在光伏扶贫项目方面，西部不少地区光伏电站面临产能过剩、外输能力有限等问题，弃光限电常态化。截至 2016 年年底，新疆电网年度消纳新能源发电量 286.6 亿千瓦时，同比增加 48%。然而，受国内电力需求疲软、外输能力有限等因素影响，新疆弃光比高达 32%。在光伏扶贫重点发展的喀什、和田、阿克苏等地，2017 年弃光比均超过 33%。在种植养殖业扶贫项目方面，由于在短期内大规模推广种养某类产品，导致价格低迷、销路受阻。在西部某地，政府利用养兔业帮助贫困户脱贫，高峰期兔子存栏接近 40 万只，但市场行情急剧变化，短短 5 年间，产业规模已萎缩到不足 7 万只。

2. 销售合同违约

为了保证产品销路，贫困户往往会与企业签订销售合同。但一些企业开始时承诺以一定价位全部收购，但到收购之际却会出现压价现象，收购价远低于承诺价或市场价。例如，湘中某县引进福建一农业公司引导当地村民种植高价值的竹荪，合同标明收购价格为每公斤 600 元。当地村民纷纷放弃原有耕种模式改种竹荪。第一年试种不到 50 亩，第二年迅速发展到 2000 多亩。但当第二年收购产品时，公司却以合同年限为一年为由，将竹荪收购价格压到每公斤不足 100 元，近千户农民利益直接受损。再如，玛纳斯县屯河制酱厂与当地贫困户签订收购合同，在农产品的市场价格低于合同价格时，企业存在将农户种植的制酱番茄变相压价等有违契约精神的行为；在制酱番茄的市场价格高于合同价格时，农户也存在将产品卖给出价较高者的现象，给企业带来意外损失。这就造成了双方之间的不信任，难以形成紧密的利益合作机制。

3. 无法偿还贷款

自身缺乏经济实力，为了推进产业扶贫项目，除专项扶贫资金外，政府鼓励金融机构为贫困户提供小额贷款。但在贷款过程中，存在金融机构不愿进入扶贫领域、资源配置错位、贷款年限与产业周期冲突等问题，导致“需要的贫困户拿不到贷款，拿到贷款的贫困户无法偿贷”。例如，各地小额贷款偿还年限有所区别，但大多数地区规定3年之内需要还清贷款，而许多产业从引进到收益需要5年以上甚至更长的周期，即使产业成熟，但由于市场波动，收益情况也具有不确定性，贫困户存在无法偿还贷款的风险。

（四）收益风险

产业扶贫项目最终要使贫困户获得可持续的收益。但在现实中，贫困户却面临着无法获得收益、失去国家补贴和收益不可持续的风险。

1. 无法获得应有收益

产业扶贫中经常采用“企业＋贫困户”“大户＋贫困户”的模式，通过企业、大户带动和帮助贫困户，合理利用专项扶贫资金和贷款发展产业，获得稳定持续收益。然而在现实中，经常出现企业、大户以扶贫为由获取资金经营产业，最终产业赚钱、企业获益，贫困户却赔钱；或是政府直接将扶贫资金注入企业，一旦赔钱，企业“跑路”退出扶贫领域，贫困户不仅无法摆脱贫困，还需要为企业行为埋单。例如，某县将贷款、补贴款拨付给某农业发展有限公司，由公司统一建设食用菌大棚90多个，而且产出的蘑菇均由公司收购。由于收购价格低，种植户不仅很难实现盈利甚至背负巨额债务，公司却借助产业扶贫政策实现了企业发展。某县一个农业龙头公司以帮扶贫困户的名义在三年内共获得扶持资金 350 万元，用于发展本公司的 3000 亩百香果基地，农户对政府给予的 3000 元产业扶贫资金完全不知情，都进入了公司账户。而公司承诺给土地流转农户每亩每年 1000 元的租金实际来自政府财政的扶持。流转土地后的农户到基地打工，但工钱却被该公司长期拖欠。

2. 失去国家补贴

从收益来源看，贫困户是否能够在产业扶贫项目中获得收益，不仅取决于产业的市场前景，而且还在相当程度上依赖政府的奖励或补贴。一旦失去这部分收益，产业扶贫项目就无法获得盈利，甚至可能亏损。目前，中国光伏扶贫的收益高度依赖财政补贴，补贴的滞后性会使光伏产业出现无法继续运转的情况。光伏项目可能在运营一年到两年之后，国家的财政补贴才能到位。例如，湖北省 2017 年才结算 2015 年 4 月 20 日至 2015 年 12 月 31 日的补贴金额。如果国家取消相关的发电补贴，光伏项目收回成本的难度便会大幅增加，甚至面临停产的风险。除光伏产业外，种植养殖业中一些产业的获益也主要靠政府补贴激励而非市场选择，种养规模随政策变迁而变动。例如，某贫困村在“整村脱贫”中，规划 500 亩魔芋，每亩一次性补助 200 元。当村里摘掉贫困帽后，扶贫补助款取消，魔芋种植面积剩下不到 100 亩。

3. 收益不可持续

产业扶贫的收益方式之一，是政府将扶贫资金注入企业，贫困户在规定年限内获得分红。该方式在短期内使贫困户能够享受到资金红利，但没有真正将贫困户纳入生产过程中，没有激发贫困户的内生动力，不能从根本上解决贫困户的贫困问题。某村以贫困户贷款入股的方式发展香菇产业，利用 40 万元扶贫资金以贫困户入股方式注入浩东家庭农场发展栝楼产业，油坊村以科技扶贫资金入股企业。贫困户与相应公司签订了扶贫合同，合同约定每年每户获得一定数额的固定分红，分红期限为三年。但三年期满后，这些贫困户是否能够继续获得稳定的收益，却处于高度不确定状态。

在实施产业扶贫过程中，一旦发生上述风险事件，不仅会给扶贫项目带来严重损失，而且会产生一系列连带效应。第一，它会导致政府信用受损。贫困户会将项目失败的责任归咎于政府，使政府威信下降，使未来推行新的政策措施面临更多信任障碍。第二，它也会导致贫困户和帮扶企业趋于保守，不敢再轻易参与风险较大的产业或种养新品种，而是倾向于更加安全的传统产品。第三，它会导致基层干部减少作为。为避免承担项目失败后被问责，村级干部对乡镇政府的扶贫规划会采取“不作为”或消极执行的方式加以应付。

五、律师在产业扶贫项目资金管理风险防范的作用

在产业扶贫中由于作为相关利益方的政府、村委会、专业合作社、贫困户以及作为监管见证方的工作队绝大多数并非专业法律工作者，更重要的是许多贫困农村的群众存在法律知识短缺等问题。法律上的风险点容易被忽视，一旦引发现实利益纠纷，群众很难依法保护自身合法权益，进而导致扶贫成果难以长久。

市场经济实质上是法治经济。在产业扶贫项目中合同是连接政府、市场主体、贫困户之间关系的重要载体，通过合同控制产业扶贫项目风险具备了特殊的条件。而律师作为法律专业人士，主要作用是防范风险、节约机会成本、控制损失扩大。如何避免纠纷、避免产业扶贫项目的风险呢？各种防范风险的措施最终都离不开法律手段，聘请专业律师团队为产业扶贫项目提供全过程法律服

务，协调各种法律关系，是避免风险的最有效办法。那么，律师团队在产业扶贫中到底有哪些作用呢？

（一）律师团队在项目前期工作中的作用

产业扶贫项目必须依靠项目实施主体来带动贫困户来实施，因此实施主体的好坏从一定程度来说决定着产业扶贫项目能否成功。选好项目实施主体显得尤为重要，在项目前期工作中，全方面的了解实施主体的资信成为必不可少的环节。律师团队可以通过一系列的资信调查，汇总整理，向政府部门提供翔实的资信调查报告，从而为决策提供参考依据。律师团队可以对产业扶贫项目的实施主体进行资信调查，资信调查内容可包括了解实施主体的工商登记资料，了解其经营范围、经营特点，查阅实施主体历年年检资料，了解其资产状况及经营业绩。侧面调查实施主体与其他客户的商业往来，特别是不动产投资，了解其多年的商业信誉。调查实施主体的资质与人力资源，办公环境等，了解其发展的综合实力。向实施主体注册地或主要经营地政府主管部门调查合作伙伴的履行合同状况，纳税情况及各方面表现，了解其企业在当地政府部门及行业中的威望及信誉。

2018 年 12 月，甲县人民政府与乙公司就肉兔养殖产业扶贫项目达成合作意向。初步拟定项目总投资 37，000 万元，第一期 5 万只种兔项目总投资 19，010 万元，其中利用扶贫资金建设 11，310 万元建设肉兔养殖基地，乙食品公司出资 7700 万元建设养殖基地配套的屠宰厂、冷库、饲料厂和购进种兔。甲政府在与乙公司接触过程中，始终未看到乙公司负责人出面谈判，而是由另外一家规模比较大丙公司负责人出面谈判。甲政府在即将签订合同前，称该项目万事俱备只待双方签订项目合同，并准备进行项目建设，抱着无所谓的态度聘请律师为其审查合同文本。律师接受委托后，虽然甲政府仅要求为其审查合同文本，但出于律师的职业敏感，经过仔细调查了解，发现乙公司为个人独资企业，认缴注册资本500万元，实缴资本50万元，根本不具备投资实力。丙公司注册资本5803万元，但该企业经营状况较差，存在多起诉讼和执行案件，股权已质押，且存在失信信息。甲政府在了解到乙公司、丙公司的实际状况后，仅在投入几百万元的情形下，及时终止了与乙公司的合作，从而避免了数千万元甚至上亿元的损失。

（二）律师团队在产业扶贫项目投资决策中的作用

产业扶贫项目所涉及的法律法规繁多，日新月异。一个专业的律师团队能够通过查阅法律、法规、政策，为产业扶贫项目出具法律意见书，从法律上探讨立项的可能性，可行性及法律依据。2019年2月，A县与B公司（大型国有企业）就稻区生态观光农业项目达成合作协议，项目拟通过绿色、无公害形式种植9万亩水稻，配套麻鸭和水产养殖，创建原生态水稻、麻鸭、水产品牌，并结合稻区湿地资源建设休闲旅游观光区，最终打造一个立体生态循环农业区。律师团队对双方合作协议进行审查后，提出如下法律意见：一是项目涉及9万亩稻田，需要土地较大。目前，投资协议中明确的土地流转方式仅为农村集体土地的流转，在费用标准涉及了撂荒、开荒等，建议国土、林业、草原等部门对项目实施范围内土地性质，是否涉及土地使用性质改变、是否存在开荒、是否存在占有湿地保护区等问题进一步核实并提出解决方案。二是项目涉及种植9万亩水稻，水资源需求量较大，建议水利、环保部门对水资源、水环境、水生态可承载能力进行论证以及核实是否符合最严格水资源管理制度“三条红线”控制指标并提出解决建议或者方案，落实以水定地的要求。

A县政府对涉及土地、水资源等问题进行详细核实后，认为项目不符合生态环境保护、最严格水资源管理、禁止开荒等一系列规定，最终否定了该项目的实施。

（三）律师团队在产业扶贫项目合同签订中的作用

对于扶贫产业项目投资少则几百万元多则上亿元，项目主体涉及政府、企业、专业合作社、贫困户、村委会等，项目资金由财政扶贫资金、小额信贷资金、企业自有资金、银行贷款、贫困户资金组成，如何厘清多方主体之间的法律关系，明晰各方权利义务，保障资金使用合规性及安全，合理分配项目风险，确保贫困户享有项目收益等成为产业扶贫项目合同的关键。同时，产业扶贫项目合同内容复杂、标的巨大、履行期限长，双方利益针锋相对，极易引发纠纷。而一旦产生纠纷，由于诉讼周期一般都很长，后果难以预测。因此，签订合同一定要慎之又慎，一个优秀的律师团队能够为产业扶贫项目投资制定完备的合同，最大限度地避免纠纷、控制风险。扶贫产业合同应对不同主体之间的法律关系及每一项义务的履行方式、时间、地点、违约责任做详细的约定。扶贫产业项目的最终目的是带动贫困户脱贫致富，收益的分配是矛盾多发的环节，也应予以具体约定。另外，产业扶贫项目面临较多的风险，风险如何合理控制和分配也需要律师制定详细的合同。

（四）律师团队在产业扶贫项目纠纷处置中的作用

纠纷处置本是律师的专长，律师参与纠纷的作用自无须多说。2018 年 5 月，甲县人民政府引进乙企业实施样板鞋厂生产项目，约定厂房及配套设施由政府利用扶贫资金建设，免费提供给乙企业在甲县注册的项目公司使用，生产设备由乙企业采购，给予项目公司诸多优惠资金补贴政策。但在项目实施过程中，乙企业及项目公司以政府补贴资金不到位为由，无资金向产业工人（贫困户）发送工资，以停产停业为威胁向上级党委、政府信访。乙企业及项目公司负责人以在外地为由，拒绝与甲县政府协商解决项目纠纷。

甲县政府聘请律师团队介入后，律师团队对项目合作协议及项目实施进行详细的调查了解，找到了项目纠纷解决的突破口。由于产业工人与项目公司已经建立劳动关系，有法律义务向产业工人支付劳动报酬，且甲县政府已经给予企业部分资金补贴，企业相关负责人存在将企业资金擅自挪用或者隐匿的情形，已经涉嫌拒不支付劳动报酬罪，建议由县劳动监察大队向企业及负责人送达限期支付劳动报酬指令书，如若企业及负责人仍然拒绝支付的，移送公安机关刑事立案处理。甲县政府采纳律师建议，将此项目纠纷妥善处理，保障了产业工人（贫困户）的权益。

以上所述的是律师在产业扶贫项目中的部分作用。律师还能提供企业（合作社）设立、注册、章程起草，产业扶贫项目招标、政府采购流程，土地权属调查、使用权转让、出让、抵押、租赁等各方面的法律事项。随着扶贫攻坚任务进入关键攻坚阶段，确保产业扶贫项目如期产生扶贫效益，实现贫困户脱贫致富，成为摆在五级书记面前的一道难题。最大限度避免产业扶贫项目风险，确保项目安全是关键，无疑聘请专业律师团队为其提供全方位的法律服务是最佳选择。

第七节　扶贫项目现场法律服务实务与典型案例

律师在扶贫项目现场提供法律服务，不仅仅要对合同内容进行审核、把关，更要从总体上对项目风险进行把控。在实际服务过程中，律师不仅仅是提供法律咨询、建议的主体，更要参与具体扶贫项目自沟通、谈判、确定合作模式、起草法律文书、签订、履行项目合同、后期监管等全过程。我们从参与的许多扶贫项目中，选取具有代表性的案例，通过对扶贫项目案例的讲解，介绍律师在扶贫项目现场提供法律服务时应注意的重点问题。

一、M县“羊只集中托养项目”

2018年4月，M县人民政府与W公司就“羊只集中托养项目”进行洽谈、协商，并委托律师提供参与项目谈判、沟通、项目模式设计、法律文书起草、风险防控、项目监管等全过程服务。

根据M县政府与W公司之间前期沟通情况，初步拟达成如下合作：M县政府与W公司共同投资建设“羊只养殖基地”。其中，M县政府使用援疆资金3000万元建设十栋羊舍及其配套附属设施，W公司同样投入不少于上述金额的资金，另行建设十栋羊舍及其配套设施。M县政府与W公司对各自投资建设形成的资产享有所有权，但M县政府将其建设的十栋羊舍交由W公司，与W公司建设的十栋羊舍进行统一使用、经营、管理。同时，由M县当地的贫困户（农户）向W公司购买羊只，由W公司将羊只托运至M县后，继续托养给W公司，由其统一养殖、繁育，并按贫困户（农户）托养的羊只总价的一定比例，向贫困户（农户）支付固定收益，并聘用当地贫困户（农户）作为产业工人，向其发放工资报酬，增加贫困户（农户）的收入，实现脱贫致富。

对于该项目，M县政府提出如下要求：一是尽可能的推动项目合作并落地实施；二是首要保障政府投入的援疆资金及贫困户（农户）享有的财政扶贫资金的安全；三是贫困户（农户）能够获得稳定的、长期的收益，实现增收脱贫。

律师参与该项目后，通过实地查看养殖基地、与W公司项目负责人谈判，并与M县相关职能部门（如畜牧局、国土局等）沟通，在充分了解政府及公司的要求、贫困户（农户）的需求后，律师按如下方式提供法律服务：

（一）项目合作模式设计

根据M县政府与W公司之前的协商，原本拟定由W公司与贫困户（农户）直接签订合同，确定购买、托养羊只、固定收益支付等内容。但律师认为，直接由贫困户（农户）与W公司签订合同，不仅工作量大，而且对资金管理、支付收益、风险防范等方面无法做到全覆盖。所以，律师建议由贫困户（农户）成立农民专业合作社，贫困户（农户）与合作社签订《入社协议书》，以其享有的财政扶贫资金入股合作社，成为合作社社员，由合作社与W公司签订《羊只购买合同》《羊只托养合同》。同时，为保障贫困户（农户）的资金安全，要求W公司以合作社为抵押权人，用其建设形成的十栋羊舍提供财产抵押担保，并由W公司的股东、法定代表人及其他们的配偶提供自然人保证担保，为贫困户（农户）的资金及收益风险提供双重保障。

（二）法律文书起草

项目合作模式确定后，M县政府与W公司再次进行沟通，最终确定项目合作。为保证该项目的顺利实施，同时满足M县政府对项目的要求，律师为该项目起草了以下法律文书：

1. 农民专业合作社章程及贫困户（农户）的《入社协议书》

起草《入社协议书》，贫困户（农户）通过签订该协议，成为合作社的成员，在协议中明确其享有的权利和履行的义务。起草合作社章程，对农民专业合作社的基本信息、业务范围、成员条件、成员权利及义务、组织机构、财物管理、解散及终止等内容作了约定，并将其内容告知合作社成员，由成员大会讨论通过后正式确定，作为合作社进行经营、管理的依据。

2.《购买羊只合同》

由合作社与 W 公司签订该合同，在合同中明确约定：羊只的品种、年龄、体重、外貌等规格参数；羊只的单价、数量及总价；合作社支付购羊款的时间以及 W 公司供羊的时间等。在本合同中，尤其要重点约定以下两个问题：

（1）羊只单价的构成

因由 W 公司统一进行购买、调运、送货等全部事项，故羊只单价的构成，应包括购买、运输、检验检疫、保险、税金、送货、验收、交付等全过程的所有费用，且不得再做调整。通过明确羊只单价构成，能够避免双方在履行合同过程中发生纠纷或争议。

（2）检验检疫及购买保险

羊只作为牲畜，在运输、养殖过程中如发生疫情，则需销毁大数量的羊只，其给企业及贫困户（农户）带来的损失是非常巨大的。为此，在本合同中明确约定 W 公司负责购买、运输、验收、交付、养殖过程中的检验检疫工作，且要为合作社购买的全部羊只购买保险，所需费用均已包含在羊只单价中。通过明确由 W 公司承担检验检疫及购买保险的义务，这样既能够督促 W 公司按合同约定履行义务，同时也能在将来发生疫情时，合作社或贫困户（农户）能够获得赔偿，而不至于遭受巨大的损失。

3.《羊只托养合同》

合作社购买羊只后，自身无相应的人员和技术进行大规模的养殖，故仍交由 W 公司进行托养。双方签订《羊只托养合同》，明确托养羊只的规格参数、数量及羊只总价（均与《羊只购买合同》约定一致），约定由 W 公司自行负责养殖，合作社不得干扰 W 公司的正常的、合法的经营，W公司每年按合作社托养羊只总价的8%向合作社支付固定收益。托养期满前，合作社应征询成员的意见，即对于托养期满后要求自行养殖的成员，由W公司向其返还同等规格参数及数量羊只后，该成员便退出合作社。对于仍要求继续托养的，由W公司与合作社按不低于原托养合同约定的条件继续签订托养合同。

4.《财产抵押担保合同》

实施产业扶贫项目，最重要的，是保障贫困户（农户）享有的财政扶贫资金不会发生损失，而保证资金安全，最有效的方式之一即是要求产业扶贫项目实施主体提供相应的财产抵押担保。本项目中，W公司自行出资不低于3000万元投资建设十栋羊舍及其附属设施，其羊舍建设完成后形成的资产所有权归W公司所有。故为约束W公司不因违法违规经营或其他原因造成亏损而无法支付固定收益，同时也为防范W公司发生亏损而无法支付固定收益时保证贫困户（农户）的利益，律师要求W公司以合作社为抵押权人，用其建设形成的十栋羊舍及其附属设施提供财产抵押担保，双方签订《财产抵押担保合同》，明确抵押财产的范围、抵押担保的债权数额、抵押担保期限、抵押担保责任承担等内容。签订抵押合同，如将来W公司出现经营不善、亏损，无法正常支付固定收益或托养期满时无法返还羊只时，合作社能够通过行使抵押权，拍卖W公司的抵押财产，保障合作社及贫困户（农户）的利益。

5.《自然人保证担保合同》

W公司作为有限责任公司，股东以其认缴资本为限对公司债务承担有限责任。为避免因W公司出现经营不善、亏损，其提供的抵押财产不足以完全赔偿合作社及贫困户（农户）的损失时，W公司股东以“有限责任”为由不承担赔偿责任的情形发生，律师要求在W公司签订《财产抵押担保合同》的同时，W公司的股东、法定代表人及其他们的配偶，一同签订《自然人保证担保合同》，明确约定保证担保的债权数额、保证担保的期限、承担保证担保责任的范围等。通过签订此合同，既可以为合作社及贫困户（农户）的资金安全提供保障，同时也能督促W公司的法定代表人及股东积极合法经营，否则，一旦W公司出现违约情形时，其上述保证人同样需以其个人财产承担保证担保责任，这无异于是对W公司的法定代表人及股东的有效约束。

6.《租赁合同》

M县政府通过援疆资金建设的十栋羊舍及其配套设施交由W公司统一使用、经营、管理，为保证援疆资金同样产生效益，由M县政府与W公司签订《租赁合同》，由W公司租赁M县政府建设的十栋羊舍及其配套设施，并支付租金，该笔租金收益，同样作为贫困户（农户）的收益，由贫困户（农户）享有，在保证贫困户（农户）通过托养羊只获得固定收益的同时，又能通过获得租金收益，从而增加贫困户（农户）的收入，实现其脱贫致富。

（三）风险防控及项目监管

项目有关的各项合同签订后，为保障项目后期的顺利实施，律师针对项目履行过程中可能出现的风险防控及监管提出多项措施，其中最主要的措施是，在项目所在地成立监督考核委员会，由乡级人民政府负责组织企业、贫困户（农户）等共同成立项目监督考核委员会，作为项目的具体运行监督考核单位，委员会人员由贫困户代表、乡镇干部、访惠聚工作队、法律顾问及农牧业专家组成，委员会办公室设立在项目所在乡镇。各成员的工作职责主要表现在：

1. 贫困户（农户）代表

对自己享有并投入的扶贫资金的使用情况、利用扶贫资金形成的资产情况、获得收益的金额、期限、方式以及企业的生产经营情况享有知情权，对可能损害其合法权益的行为，提出意见。

2. 乡镇干部

作为基层人民政府干部，协助行业主管部门对项目的实施进度进行监督，了解企业的经营状况，做好资料整理、归档，以备上级机关或相关部门调阅。

3. 访惠聚工作队

访惠聚工作队本着维护贫困户（农户）合法权利的原则，主动向贫困户提供帮助，保障贫困户的知情权、收益权，同监督考核委员会其他成员一同对企业的经营状况进行监督，发现问题时及时上报或通知相关部门。

4. 第三方中介服务机构

主要指律师事务所、会计师事务所等，针对项目实施过程中的抵押担保、资金拨付、项目建设、竣工审计、支付收益、违约情况等内容进行跟踪服务，确保项目按期完成建设、投产，同时督促各方按合同约定履行义务，对项目建设、运营过程中出现的法律问题、审计问题提供咨询、出具意见书等。

5. 行业专家

依据自身所有的与项目有关的行业经验、技能，在项目实施过程中提出合理化建议，对企业在经营过程中发生的违反行业习惯、标准及经验等方面的情况，提出整改意见。

6. 其他行政职能部门人员

根据项目类型，由国土、住建、工商、税务、水利、农业、财政、审计等行政职能部门的人员参与项目的实施，并根据本单位的职责及有关法律法规的规定，对项目实施过程享有监督权、建议权等。

二、Y县“架子牛托养、寄养项目”

2019年1月，Y县人民政府委托律师，就其与N公司之间的“架子牛托养、寄养项目”进行协商，要求律师对项目谈判、法律文书起草、风险防控等提供法律专项服务。

鉴于该项目同样是养殖类项目，律师通过对Y县政府与N公司已达成的合作意向进行审查、分析后认为，合作模式可以按照M县“羊只集中托养项目”的模式进行，但结合Y县的实际情况，同时按照Y县政府的要求，即不能仅仅是让贫困户（农户）获得收益，更要培养他们自身的养殖技术能力，改变贫困户（农户）“坐、等、靠、要”的思想，提高贫困户（农户）自身创造财富的能力，保证三年脱贫攻坚任务结束后，贫困户（农户）仍然能够持续的通过自身的努力获得收入，律师将“企业+合作社+贫困户（农户）”的模式转变为“企业+贫困户（农户）+政府监管”模式。

（一）合作模式

关于合作模式，律师提出如下方式：由N公司与贫困户（农户）签订《架子牛购买合同》，由贫困户（农户）利用财政扶贫资金，向N公司购买架子牛。N公司调运架子牛至贫困户（农户）所在地后，由贫困户（农户）与N公司在签订《育肥架子牛托养协议》，将购买的架子牛全部交由N公司统一集中托养，N公司向贫困户（农户）支付一定比例的固定收益。同时，为实现贫困户（农户）真正掌握养殖技术，能够通过养殖架子牛获得收入，贫困户（农户）与N公司再签订《育成牛寄养协议》，由N公司将育成牛寄养至贫困户（农户）处，并向其免费提供养殖技术支持和培训，并在寄养期满后，由N公司统一回收，并向贫困户（农户）支付寄养收益，使贫困户（农户）在掌握养殖技术的同时，能够额外获得一笔收入，实现贫困户脱贫致富。

(二)法律文书起草

对于该项目,律师相继起草了以下法律文书:

1.《架子牛购买合同》

由贫困户(农户)与N公司签订合同,在合同中明确约定架子牛的品种、年龄、体重、外貌等规格参数、单价、数量及总价。同时,在该合同中,同样要重点约定关于单价构成和检验检疫及购买保险的问题(内容参考M县"羊只集中托养项目")。

2.《育肥架子牛托养合同》

贫困户(农户)购买架子牛后,交由N公司进行集中统一托养,双方签订《育肥架子牛托养合同》,明确托养架子牛的规格参数、数量及托养架子牛的总价(与《购买合同》约定一致),由N公司自行负责养殖,每年按托养架子牛总价的8%向贫困户(农户)支付固定收益。托养期满,由N公司返还同等规格参数及数量的架子牛或返还贫困户(农户)购买的架子牛的总价款。

3.《育成牛寄养合同》

企业与贫困户(农户)签订《育成牛寄养合同》,由企业将繁育出的幼牛(三个月已断奶、经检疫合格、发育良好)交由贫困户(农户)寄养,企业免费提供技术指导、防疫服务并承担费用,寄养期满后,企业回收幼牛,并按市场价格(设定最低市场价)向贫困户(农户)支付幼牛增加体重部分的对价,作为贫困户(农户)的寄养收益。企业应保证每年给贫困户(农户)的育肥幼牛的数量,否则应对保证提供数量与实际提供数量之间的差额,按照一定的标准予以补偿。

三、其他典型案例

前面讲述的两个案例,都是关于产业扶贫项目中,养殖类项目的成功案例，这两个案例在实际实施过程中，也十分顺利，且得到了国家扶贫办、自治区扶贫办等单位的认可。在律师提供现场服务的过程中，除了成功案例外，也遇到了部分存在问题的案例。

（一）缺乏对企业实力的了解，盲目签订投资协议

H 县为发展肉兔养殖项目，通过招商引资，吸引了内地某省的 T 公司前来投资。H 县经过与 T 公司多次沟通，就肉兔养殖项目合作内容达成了一致，项目投资额达上亿元。在签订合同前，H 县委托律师对项目合作及合同内容进行审查。律师通过与相关人员沟通，并认真审核合同条款发现，其合同中，对 H 县的义务约定较多，且大部分条款内容为 H 县应为该项目提供土地、建设养殖基地、购买生产设备、提供养殖饲料等，但对 T 公司的投资内容及建设内容未作明确约定。经过进一步了解，H 县原本在合同中提出在 T 公司未达到投资承诺时要求追究其违约责任的条款，但 T 公司极力反对，且一再强调公司实力雄厚，不可能存在违约行为。律师通过查询 T 公司的工商注册登记信息，并委托 T 公司所在地的律师进行实地查询后得知，T 公司注册资本仅为 200 万元人民币，且夸大公司实力，在当地的养殖基地规模并不大，公司真正实力并不足以承担并履行本合同所约定的内容。鉴于此，律师向 H 县政府出具法律意见书，认为 T 公司存在夸大宣传公司实力、履约过程存在违约可能等风险，建议 H 县终止签订合同。最终，H 县未与 T 公司签订合同，转而在经过充分的准备，并实地考察多个企业后，从中择优确定合作对象，与 G 公司签订合同，保证了项目的顺利落地实施。

（二）实施扶贫项目与本地实际情况不相符，造成资源浪费

L 县为加快脱贫攻坚步伐，早日实现贫困户（农户）脱贫致富，

从内地引进 M 公司木耳种植加工企业在当地设厂投资。因周边其他多个县市也在积极争取 M 公司设厂投资，L 县为能占得先机，在尚未签订正式合同前，即积极开始建设生产加工厂房。实际上，木耳对种植条件要求较高，但 L 县的自然环境，并不适合种植木耳，尤其 L 县常年风沙较大，如果在当地种植木耳，不仅产量不高，而且还因为木耳中含有大量沙子导致质量不高，无论是企业还是 L 县，均不能从该项目中获得收益。最终，M 公司并未在 L 县投资，L 县已经建设完成的加工厂房，也在较长一段时间内处于闲置状态，造成了极大的资源浪费。

（三）企业涉及同类型项目的涉诉案件较多，履约信用存在严重问题

某些参与扶贫项目的企业，通过查询“中国裁判文书网”等网站，发现其存在大量的涉诉案件（多为被告或被执行人），甚至已被法院列为失信被执行人名单。因扶贫项目投资规模较大、涉及资金较多，如果与这样的企业合作，一旦与其签订项目合同，进行资金支付，那么资金的安全将无法得到保障，很有可能会被执行法院冻结、扣划，或者被企业挪作他用，从而造成资金损失、贫困户（农户）利益受损，却又无法得到赔偿或补偿。因此，对于扶贫项目合作企业，一定要对企业的实力、资信等条件进行全面的、详细的了解和掌握，避免陷入某些企业“空手套白狼”的计划中。

（四）扶贫资金直接交由企业使用，企业每年进行分红的“名为投资实为借贷”的合作方式

某些地区，为加快资金拨付进度、快速获得效益，往往会因“图快”“图省事”，在违反扶贫资金使用上，出现违反法律法规及政策的规定，主要负责人员被追责的情况。甚至某些扶贫项目在实施过程中，与企业签订的合作合同，其名为“合作协议”，但从内容

来看，约定由贫困户（农户）将享有的财政扶贫资金直接汇入企业银行账户，由企业用于生产经营或其他用途，每年按贫困户（农户）投入资金的一定比例向其进行分红，同时要保证贫困户（农户）投入的资金不会发生亏损。在合同期满时，由企业一次性全额退还贫困户（农户）投入资金。从表面看，这是投资行为，并无大的问题。但实质上，该所谓的“投资行为”，对企业来说，涉嫌非法集资。对贫困户（农户）来说，名义上是通过投资获得分红，实际上确是借贷行为（投入资金为借款本金，每年获得的分红为利息），严重违反关于扶贫资金使用的相关规定。且贫困户（农户）使用的财政扶贫资金，并无任何担保保障，将来一旦发生风险，则会严重损害贫困户（农户）的合法权益。

扶贫项目的实施，是一个长期的过程，并非是简单的签订合同即可。在项目实施前期，需要对项目进行可行性调研；在选择项目合作企业时，需要对企业进行全面而细致的调查；在项目实施过程中，需要根据出现的问题随时进行沟通、调整并解决各类问题。同时，要对项目实施进行严格的监管和把控，避免出现风险造成扶贫资金的损失及贫困户（农户）利益受损。

第八节　扶贫项目刑事法律风险防范

本节收录了六起典型扶贫领域违法犯罪案例，涉及贪污、受贿、挪用公款、滥用职权、玩忽职守等职务犯罪，旨在为扶贫干部提供警示，增强法律意识，认真履职，慎用手中的权力，并以“律师点评”和“相关法条”为抓手，解构扶贫干部涉刑原因的多类化，提高涉贫项目刑事法律风险防范意识、规则意识。

一、滥用职权擅自调整项目地点

（一）案情简述

峨边彝族自治县林业局原党组书记、局长鲁某在2018年年初面对自己犯滥用职权罪被判处有期徒刑三年的一审判决，还是感到不服。他认为自己虽然将原定的扶贫项目地点变更了部分，但不属于滥用职权的行为，政府所批示范苗圃建设项目的建设性质是新建，实施主体是峨边林业局，作业设计建设地点在峨边彝族自治县新林镇黄泥村。但在实施过程中，建设地点是新林镇黄泥村苗圃和沙坪镇峨星村苗圃。因为县上对所有的灾后重建项目都不匹配配套资金，没有说后续的解决方案，鲁某没有办法落实土地，才有了变通之策。自己没有拿任何好处，却承担刑事责任实感冤枉。

法院认为，鲁某指使林业局工作人员将用国家拨付的项目资金购买的物资交与他人所有的苗圃，在他人的苗圃上进行基础设施建设，鲁某滥用职权，超越权限处理自己无权决定的事务，造成国家财产损失172.3225万元，情节特别严重，其行为构成滥用职权罪。二审法院遂于2018年4月9日，作出“驳回上诉、维持原判”的刑事裁定。

（二）律师点评

滥用职权罪是指国家机关工作人员超越职权，违法决定、处理其无权决定、处理的事项，或者违反规定处理公务，致使公共财产、国家和人民利益遭受重大损失的行为。

鲁某明知政府所批示范苗圃建设地点为黄泥村，虽有县上对所有的灾后重建项目配套资金不匹配的事实，但应当按照法定程序上报呈批，按照法院查明的事实，鲁某既未向分管县领导汇报，亦未在本单位召开党组会议进行讨论，也没有相关项目调整变更报批手续，不按照上级批复的作业设计新建示范苗圃，而是擅自安排进行调整，属于超越职权的行为。《刑法》规定滥用职权罪，其目的是惩处国家机关工作人员违背其勤勉义务，不认真行使权力，破坏了公务的正当性和国民对公务正当性信赖的行为。滥用职权表现为行为人主观上明知自己滥用职权的行为会发生致使公共财产、国家和人民利益遭受重大损失的结果，并且希望或者放任这种结果发生。客观行为则表现为违反法律规定的权限和程序，超越限度或者是没有限度地履行职责的行为。相比较玩忽职守罪而言，滥用职权罪通常是积极行为。

鲁某的想法代表了一部分公务人员的想法，认为只要自己不拿不贪，一心为公，怎么也不会与犯罪相关联。殊不知，正是这种对法律认识的错误与不足，使得在履行公务过程中不严格依法履职，正本清源，还得先从提高法律意识开始。

（三）相关法条

1.《刑法》

《刑法》第三百九十七条规定，国家机关工作人员滥用职权或者玩忽职守，以致使公共财产、国家和人民利益遭受重大损失的，处三年以下有期徒刑或者拘役；情节特别严重的，处三年以上七年以下有期徒刑。

2. 立案标准

《最高人民法院、最高人民检察院关于办理渎职刑事案件适用法律若干问题的解释（一）》第一条规定，国家机关工作人员滥用职权或者玩忽职守，具有下列情形之一的，应当认定为刑法第三百九十七条规定的“致使公共财产、国家和人民利益遭受重大损失”:(1)造成死亡1人以上,或者重伤3人以上,或者轻伤9人以上,或者重伤2人、轻伤3人以上,或者重伤1人、轻伤6人以上的;(2)造成经济损失30万元以上的;(3)造成恶劣社会影响的;(4)其他致使公共财产、国家和人民利益遭受重大损失的情形。

3. 适用主体

《全国人大常委会关于〈中华人民共和国刑法〉第九章渎职罪主体适用问题的解释》规定,在依照法律、法规规定行使国家行政管理职权的组织中从事公务的人员,或者在受国家机关委托代表国家机关行使职权的组织中从事公务的人员,或者虽未列入国家机关人员编制但在国家机关中从事公务的人员,在代表国家机关行使职权时,有渎职行为,构成犯罪的,依照刑法关于渎职罪的规定追究刑事责任。

二、收受贿赂、滥用职权虚假立项套取扶贫项目资金

(一)案情简述

2018年5月11日,陕西省白河县人民法院作出刑事判决,判决被告人陈某犯受贿罪判处有期徒刑四年六个月,并处罚金30万元;犯滥用职权罪,考虑其有为地方发展争取资金项目以及行政审批不规范等原因,并全部退赔损失,免予刑事处罚。

2012年至2013年,被告人陈某任发改局局长期间,为使该县企业能够多获得国家项目资金,同时也为了使被告人冯某能将欠县财政局的300万元尽快归还,明知冯某两个项目不符合申报条件,项目申报资料作假,仍然安排发改局工作人员向县政府和市发改委上报,使上述两个虚假项目造成国家财政专项资金330万元被非

法套取。在项目资金拨付阶段，被告人陈某安排发改局工作人员以县发改局的名义对上述两个项目出具了虚假的项目进展情况说明，违规填制了“专项资金拨款审批表”，最终使某食品有限公司于2013年1月16日违法获得专项贴息资金100万元，使某实业有限公司于同年1月22日，违法获得专项贴息资金230万元。其中300万元偿还了冯某的某食品有限公司原向县财政局的借款，剩余30万元打入了县某实业有限公司账户。被告人冯某提供两个虚假项目与被告人陈某共同套取国家财政专项资金330万元，与被告人陈某共同构成滥用职权罪。

（二）律师点评

陈某对于自己犯滥用职权罪最初是不能理解的，这与部分领导干部一样属于对于渎职犯罪的认识不足。扶贫工作涉及环节较多，责任较为分散，一些地方领导及扶贫工作人员认为，如果严格按照政策要求，可能会导致本地方扶贫项目不符合立项要求，影响了地方经济发展。

正是这种为了地方经济变通处理的想法，造成在工作中不严格遵从法定程序，不依照法定条件审核，导致扶贫资金被非法获得，造成重大损失的后果。只有在认识上提高法律意识，理解我国全面推进精准扶贫的政策是全面建成小康社会的克难攻坚之举，了解相关法律规定，遵循各项流程规定，就不会轻易触碰刑事红线了。

什么是定罪免罚？

定罪免罚是构成犯罪，但免予处罚。《刑法》第三十七条规定：“对于犯罪情节轻微不需要判处刑罚的，可以免予刑事处罚，但是可以根据案件的不同情况予以训诫或者责令具结悔过、赔礼道歉、赔偿损失，或者由主管部门予以行政处罚或者行政处分。”

定罪免罚是否开除公职?

根据《公务员法》及相关规定,因涉嫌犯罪被判处刑罚的,予以开除公职的行政处罚,但是免予刑事处罚的,是否开除公职,《公务员法》没有明确规定。现实中各地多采取降级或者撤职、劝退、调离等方式处理。

(三)相关法条

《最高人民法院、最高人民检察院关于办理渎职刑事案件适用法律若干问题的解释(一)》第五条规定:“国家机关负责人员违法决定,或者指使、授意、强令其他国家机关工作人员违法履行职务或者不履行职务,构成刑法分则第九章规定的渎职犯罪的,应当依法追究刑事责任。”

“以‘集体研究’形式实施的渎职犯罪,应当依照刑法分则第九章的规定追究国家机关负有责任的人员的刑事责任。对于具体执行人员,应当在综合认定其行为性质、是否提出反对意见、危害结果大小等情节的基础上决定是否追究刑事责任和应当判处的刑罚。”

三、贪污易地扶贫搬迁补助款

(一)案情简述

张某是某县原村委会主任,张某一是该县原村文书。张某二人在县易地扶贫搬迁工程项目中,在没有召开村民大会的情况下,将75户易地扶贫搬迁户名单上报到县扶贫和移民工作局,其中62户为符合规定且自愿搬迁,13户系张某、张某一虚报。张某二人虚报13户农户补助款共计19.5万元,由张某一分两次以现金方式给张某4.5万元,其余15万元由张某一存于其个人账户。之后,因上报名单中被虚报的农户知道了此事,并要求兑现补助款后,张某一将补助款发放给虚报和不符合易地扶贫搬迁的农户。

2018年3月23日，凉山彝族自治州中级人民法院作出刑事裁定，维持了一审判决，判决张某一犯贪污罪，判处有期徒刑三年六个月，并处罚金12万元；张某犯贪污罪，判处有期徒刑三年，并处罚金10万元。

（二）律师点评

贪污罪是指国家工作人员利用职务上的便利、侵吞、窃取、骗取或者以其他手段非法占有公共财物。按照《刑法》规定，贪污数额在三万元以上，即达到刑罚制裁的起刑点，也就是通常所说追究下限。然而，扶贫款属于特定款项，“贪污救灾、抢险、防汛、优抚、扶贫、移民、救济、防疫、社会捐助等特定款物的”属于《刑法》认定的“其他较重情节”，贪污数额在一万元以上的就构成刑事犯罪。

张某作为村委会主任，利用村委会接受镇政府委托进行易地移民搬迁项目农户资格审查，花名册上报及房屋工程建设，按照村委会上报建设进行拨款，所拨资金由村委会负责发放的便利条件，欺上瞒下，对上虚构符合条件的移民，并伪造已建房屋照片来获取补贴资金，对下隐瞒获取补贴资金的实际情况，在事发之后，由于村民的“闹事”不得已吐出已经到手的补贴款，又悉数发给已经在名册内但不符合条件的村民，这正是“偷鸡”不成反赔了自己。本案两个被告人，一个是原村委会主任，另一个是原村支书，正是精准扶贫一线的主力军，也是扶贫涉刑案件中的高发人群，扶贫项目最终落实在于基层，唯有让基层人员了解法律规定，高悬法律意识，才能在繁杂的事务中防止让权力肆意而为。

（三）相关法条

1.《刑法》

《刑法》第三百八十二条规定：“国家工作人员利用职务上的便

利，侵吞、窃取、骗取或者以其他手段非法占有公共财物的，是贪污罪。受国家机关、国有公司、企业、事业单位、人民团体委托管理、经营国有财产的人员，利用职务上的便利，侵吞、窃取、骗取或者以其他手段非法占有国有财物的，以贪污论。与前两款所列人员勾结，伙同贪污的，以共犯论处。”

2. 适用主体

2000年4月29日《全国人民代表大会常务委员会关于〈中华人民共和国刑法〉第九十三条第二款的立法解释》规定，村民委员会等村基层组织人员协助人民政府从事下列行政管理工作，属于刑法第九十三条第二款规定的“其他依照法律从事公务的人员”：(一)救灾、抢险、防风、优抚、扶贫、移民、救济款物的管理；(二)社会捐助公益事业款物的管理；(三)国有土地的经营和管理；(四)土地征用补偿费用的管理；(五)代征、代缴税款；(六)有关计划生育、户籍、征兵工作；(七)协助人民政府从事的其他行政管理工作。

除上述立法解释确定的人员以外，其他依照法律从事公务的人员，还包括：依法履行职责的各级人民代表大会代表；依法履行职责的各级人民政协委员；依法履行审判职责的人民陪审员；协助乡镇人民政府、街道办事处从事行政管理工作的村民委员会、居民委员会等农村和城市基层组织人员；其他由法律授权从事公务的人员。

3. 立案标准

《最高人民法院、最高人民检察院关于办理贪污贿赂刑事案件适用法律若干问题的解释》

第一条 贪污或者受贿数额在三万元以上不满二十万元的，应当认定为刑法第三百八十三条第一款规定的“数额较大”，依法判处三年以下有期徒刑或者拘役,并处罚金。

贪污数额在一万元以上不满三万元,具有下列情形之一的,应当认定为刑法第三百八十三条第一款规定的“其他较重情节”,依法判处三年以下有期徒刑或者拘役,并处罚金:(一)贪污救灾、抢险、防汛、优抚、扶贫、移民、救济、防疫、社会捐助等特定款物的;(二)曾因贪污、受贿、挪用公款受过党纪、行政处分的;(三)曾因故意犯罪受过刑事追究的;(四)赃款赃物用于非法活动的;(五)拒不交待赃款赃物去向或者拒不配合追缴工作,致使无法追缴的;(六)造成恶劣影响或者其他严重后果的。受贿数额在一万元以上不满三万元,具有前款第二项至第六项规定的情形之一,或者具有下列情形之一的,应当认定为刑法第三百八十三条第一款规定的“其他较重情节”,依法判处三年以下有期徒刑或者拘役,并处罚金:(一)多次索贿的;(二)为他人谋取不正当利益,致使公共财产、国家和人民利益遭受损失的;(三)为他人谋取职务提拔、调整的。

第二条　贪污或者受贿数额在二十万元以上不满三百万元的,应当认定为刑法第三百八十三条第一款规定的“数额巨大”,依法判处三年以上十年以下有期徒刑,并处罚金或者没收财产。

贪污数额在十万元以上不满二十万元,具有本解释第一条第二款规定的情形之一的,应当认定为刑法第三百八十三条第一款规定的“其他严重情节”,依法判处三年以上十年以下有期徒刑,并处罚金或者没收财产。

受贿数额在十万元以上不满二十万元,具有本解释第一条第三款规定的情形之一的,应当认定为刑法第三百八十三条第一款规定的“其他严重情节”,依法判处三年以上十年以下有期徒刑,并处罚金或者没收财产。

第三条 贪污或者受贿数额在三百万元以上的，应当认定为刑法第三百八十三条第一款规定的“数额特别巨大”，依法判处十年以上有期徒刑、无期徒刑或者死刑，并处罚金或者没收财产。

贪污数额在一百五十万元以上不满三百万元，具有本解释第一条第二款规定的情形之一的，应当认定为刑法第三百八十三条第一款规定的“其他特别严重情节”，依法判处十年以上有期徒刑、无期徒刑或者死刑，并处罚金或者没收财产。

受贿数额在一百五十万元以上不满三百万元，具有本解释第一条第三款规定的情形之一的，应当认定为刑法第三百八十三条第一款规定的“其他特别严重情节”，依法判处十年以上有期徒刑、无期徒刑或者死刑，并处罚金或者没收财产。

四、贪污扶贫资金、收受贿赂

（一）案情简述

2007年9月至2016年2月，夏某在担任巩留县原扶贫办主任期间利用职务之便与单位报账员被告人唐某采取虚报项目培训费，项目管理费等方式套取国家扶贫项目资金148万余元。夏某利用职务之便先后收受刘某等8人的感谢费30万元，为以上人员谋取承包扶贫工程和扶贫牛羊收购事宜方面的便利。

法院认为，对于夏某辩称的148万余元中发放福利费30万元、单位正常开支经费50余万元、跑项目花费50多万元、还有部分资金用于发放聘用人员工资和扶贫村的开支，贪污数额应以二被告人实际占为己有的金额认定的意见不予采纳。法院遂于2018年3月20日作出刑事判决，判决被告人夏某犯贪污罪，判处有期徒刑四年，并处罚金20万元；犯受贿罪判处有期徒刑三年，并处罚金10万元，决定执行有期徒刑五年，并处罚金30万元。

（二）律师点评

用套取的扶贫资金去跑项目，并且用于单位正常开支，甚至将其中 30 万元用于本单位发放福利费，这是多年形成的一种习惯，习惯于在单位账户外设“小金库”，平常不能从正常资金中支出的项目或经费，可以从“小金库”中灵活支出。这也是大家常有的一种错误的认识，认为小金库的钱没有预算也没有纳入单位的账户管理，是单位的额外收入，将其分配给单位员工或者用于其他用途不会犯错误，尤其是部分干部甚至认为现有财政拨付资金管理较严格，很多支出不符合财务规定，不能列支。

于是，为了达到资金使用的随意性和灵活性，以身试法。本案夏某贪污资金的去向并不是个例，而是工作中存在的一种普遍性现象，值得警惕。

2009 年《中共中央办公厅、国务院办公厅印发〈关于深入开展“小金库”治理工作的意见〉的通知》明确了治理范围。2014 年《财政部、审计署关于印发〈深入开展贯彻执行中央八项规定严肃财经纪律和“小金库”专项治理工作方案〉的通知》重申了治理“小金库”的重点问题，“小金库”资金来源和各项列支都是审查重点。

受贿罪指国家工作人员利用职务上的便利，索取他人财物，或者非法收受他人财务，为他人谋取利益的行为。根据 2016 年 4 月 18 日《最高人民法院、最高人民检察院关于办理贪污贿赂刑事案件适用法律若干问题的解释》第十二条的规定：“贿赂犯罪的对象是‘财物’。贿赂犯罪中的财物，包括货币、物品和财产性利益。财产性利益包括可以折算为货币的物质利益如房屋装修、债务免除等，以及需要支付货币的其他利益如会员服务、旅游等。后者的犯罪数额，以实际支付或者应当支付的数额计算。”比如，有的行为人通过低买高卖交易的形式收受请托人的好处，有的行为人通过收受干股、合作投资、委托理财、赌博等方式，变相收受请托人的财物。

受贿罪的犯罪主体是特殊主体，即国家工作人员。根据《刑法》第九十三条的规定，国家工作人员是指国家机关中从事公务的人员。国有公司、企业、事业单位、人民团体中从事公务的人员和国家机关、国有公司、企业、事业单位委派到非国有公司、企业、事业单位、社会团体从事公务的人员，以及其他依照法律从事公务的人员，以国家工作人员论。公职人员利用职务上的便利为请托人谋取利益，并与请托人事先约定，在其离退休后收受请托人财物的，也构成受贿罪。非公职人员与公职人员相互勾结，利用公职人员的职务便利共同受贿的，非公职人员也可成为受贿的共犯。此外，《刑法》第三百八十八条还规定了一种特殊的受贿形式"斡旋受贿"，指的是国家工作人员利用本人职权或者地位形成的便利条件，通过其他国家工作人员职务上的行为，为请托人谋取不正当利益，索取请托人财物或者收受请托人财物的行为。

受贿罪在客观方面表现为被动收受贿赂或主动索取贿赂，无论是索取还是收受贿赂，都与公职人员的职务有关，是"权钱交易"的体现。"利用职务上的便利"既包括利用本人职务上主管、负责、承办某项公共事务的职权，也包括利用职务上有隶属，制约关系的其他国家工作人员的职权。担任单位领导职务的国家工作人员通过不属自己主管的下级部门的国家工作人员的职务为他人谋取利益的，也应当认定为"利用职务上的便利"为他人谋取利益。对于被动收受贿赂的公职人员，还需要符合"为他人谋取利益"的条件，才能构成受贿罪。

具有下列情形之一的，应当认定为"为他人谋取利益"，构成犯罪的，应当依照刑法关于受贿犯罪的规定定罪处罚：实际或者承诺为他人谋取利益的；明知他人有具体请托事项的；履职时未被请托，但事后基于该履职事由收受他人财物的。

“为他人谋取利益”包括“承诺、实施和实现三个阶段的行为”，只要实施其一即可认定。无论是否实际为他人谋取了利益，无论事前收受还是事后收受，均不影响受贿犯罪的认定。以前部分公职人员认为的“我拿了钱但没有办事，等于没有利用职务之便谋取利益，不构成受贿罪”之认识与法相悖，要么收钱为人办事构成受贿罪，要么收钱承诺为他人办事亦构成受贿罪，即使没有办事也没有答应要办事，但明知到他人来送钱是有求于己的，同样构成受贿罪。

（三）相关法条

1.《刑法》

第九十三条 本法所称国家工作人员，是指国家机关中从事公务的人员。国有公司、企业、事业单位、人民团体中从事公务的人员和国家机关、国有公司、企业、事业单位委派到非国有公司、企业、事业单位、社会团体从事公务的人员，以及其他依照法律从事公务的人员，以国家工作人员论。

第三百八十五条 国家工作人员利用职务上的便利，索取他人财物的，或者非法收受他人财物，为他人谋取利益的，是受贿罪。国家工作人员在经济往来中，违反国家规定，收受各种名义的回扣、手续费，归个人所有的，以受贿论处。

第三百八十六条 对犯受贿罪的，根据受贿所得数额及情节，依照本法第三百八十三条的规定处罚。索贿的从重处罚。

第三百八十八条 国家工作人员利用本人职权或者地位形成的便利条件，通过其他国家工作人员职务上的行为，为请托人谋取不正当利益，索取请托人财物或者收受请托人财物的，以受贿论处。

2.《最高人民法院、最高人民检察院关于办理贪污贿赂刑事案件适用法律若干问题的解释》

第一条 贪污或者受贿数额在三万元以上不满二十万元的，应当认定为刑法第三百八十三条第一款规定的“数额较大”，依法判处三年以下有期徒刑或者拘役，并处罚金。

贪污数额在一万元以上不满三万元，具有下列情形之一的，应当认定为刑法第三百八十三条第一款规定的“其他较重情节”，依法判处三年以下有期徒刑或者拘役，并处罚金：（一）贪污救灾、抢险、防汛、优抚、扶贫、移民、救济、防疫、社会捐助等特定款物的；（二）曾因贪污、受贿、挪用公款受过党纪、行政处分的；（三）曾因故意犯罪受过刑事追究的；（四）赃款赃物用于非法活动的；（五）拒不交代赃款赃物去向或者拒不配合追缴工作，致使无法追缴的；（六）造成恶劣影响或者其他严重后果的。

受贿数额在一万元以上不满三万元，具有前款第二项至第六项规定的情形之一，或者具有下列情形之一的，应当认定为刑法第三百八十三条第一款规定的“其他较重情节”，依法判处三年以下有期徒刑或者拘役，并处罚金：（一）多次索贿的；（二）为他人谋取不正当利益，致使公共财产、国家和人民利益遭受损失的；（三）为他人谋取职务提拔、调整的。

第二条 贪污或者受贿数额在二十万元以上不满三百万元的，应当认定为刑法第三百八十三条第一款规定的“数额巨大”，依法判处三年以上十年以下有期徒刑，并处罚金或者没收财产。

贪污数额在十万元以上不满二十万元，具有本解释第一条第二款规定的情形之一的，应当认定为刑法第三百八十三条第一款规定的“其他严重情节”，依法判处三年以上十年以下有期徒刑，并处罚金或者没收财产。

受贿数额在十万元以上不满二十万元，具有本解释第一条第三款规定的情形之一的，应当认定为刑法第三百八十三条第一款规定的“其他严重情节”，依法判处三年以上十年以下有期徒刑，并处罚金或者没收财产。

第三条　贪污或者受贿数额在三百万元以上的，应当认定为刑法第三百八十三条第一款规定的“数额特别巨大”，依法判处十年以上有期徒刑、无期徒刑或者死刑，并处罚金或者没收财产。

贪污数额在一百五十万元以上不满三百万元，具有本解释第一条第二款规定的情形之一的，应当认定为刑法第三百八十三条第一款规定的“其他特别严重情节”，依法判处十年以上有期徒刑、无期徒刑或者死刑，并处罚金或者没收财产。

受贿数额在一百五十万元以上不满三百万元，具有本解释第一条第三款规定的情形之一的，应当认定为刑法第三百八十三条第一款规定的“其他特别严重情节”，依法判处十年以上有期徒刑、无期徒刑或者死刑，并处罚金或者没收财产。

第四条　贪污、受贿数额特别巨大，犯罪情节特别严重、社会影响特别恶劣、给国家和人民利益造成特别重大损失的，可以判处死刑。

符合前款规定的情形，但具有自首，立功，如实供述自己罪行、真诚悔罪、积极退赃，或者避免、减少损害结果的发生等情节，不是必须立即执行的，可以判处死刑缓期二年执行。

符合第一款规定情形的，根据犯罪情节等情况可以判处死刑缓期二年执行，同时裁判决定在其死刑缓期执行二年期满依法减为无期徒刑后，终身监禁，不得减刑、假释。

五、挪用专项扶贫资金

（一）案情简述

新疆伊犁胡松图哈尔逊蒙古族乡人民政府、某村村委会与天迈养殖专业合作社签订扶贫牛集中饲养合同。合同约定，村委会将扶贫牛交合作社集中饲养，该社每年每头牛以不低于1600元价格返还分红资金分给贫困户，作为贫困户的发展资金。2016年11月至2017年1月，原村委会主任巴某利用职务之便，将合作社交纳2015年至2016年度的扶贫牛分红款204，800元挪用归个人使用，其中大部分款用于购买福利彩票，还有一部分用于日常开支，还有几千元用村里开支，且超过三个月未归还。2017年12月20日，县人民法院于作出刑事判决：被告人巴某犯挪用公款罪，判处有期徒刑三年六个月；未退赃款204，800元，继续追缴，返还受害单位。

（二）律师点评

挪用公款罪是指国家工作人员，利用职务上的便利，挪用公款归个人使用，进行非法活动的，或者挪用公款数额较大、进行营利活动的，或者挪用公款数额较大、超过三个月未还的行为。

挪用公款罪的认定分为有时限要求的和无时限要求的两种行为，其中一种行为没有时间要求，即挪用公款归个人使用，进行非法活动的或者是挪用公款数额较大，进行营利活动的不受挪用时间限制，只要有挪的事实，均构成挪用公款罪。

比如，张三挪用本单位的公款用于赌球，虽然挪用时间才十天，十天后及时归还单位公款，但因其挪用公款进行非法活动，依然构成挪用公款罪。还有一种是有挪用时间要求的，挪用公款数额较大，超过三个月未还的。

问题："挪"而不"用"是否构成挪用公款罪？

司法实践中，有的人员挪出公款后，基于各种原因还没有来得及用，自认为虽“挪”但没有“用”，不应该构成挪用公款罪。这是对刑法的规定不了解所致的错误认识，挪用公款罪处罚的是私自将公款挪出，使公款脱离本单位控制，使单位对公款的占有、使用、收益的法益受到了侵犯。根据《最高人民法院关于印发〈全国法院审理经济犯罪案件工作座谈会纪要〉的通知》（法发〔2003〕167号）第四条规定，“挪而不用”同样构成挪用公款罪。

（三）相关法条

1.《刑法》

《刑法》第三百八十四条规定：“国家工作人员利用职务上的便利，挪用公款归个人使用，进行非法活动的，或者挪用公款数额较大、进行营利活动的，或者挪用公款数额较大、超过三个月未还的，是挪用公款罪，处五年以下有期徒刑或者拘役；情节严重的，处五年以上有期徒刑。挪用公款数额巨大不退还的，处十年以上有期徒刑或者无期徒刑。挪用用于救灾、抢险、防汛、优抚、扶贫、移民、救济款物归个人使用的，从重处罚。”

2.《最高人民法院关于印发〈全国法院审理经济犯罪案件工作座谈会纪要〉的通知》（法发〔2003〕167号）

四、挪用公款罪

（一）单位决定将公款给个人使用行为的认定

经单位领导集体研究决定将公款给个人使用，或者单位负责人为了单位的利益，决定将公款给个人使用的，不以挪用公款罪定罪处罚。上述行为致使单位遭受重大损失，构成其他犯罪的，依照刑法的有关规定对责任人员定罪处罚。

（二）挪用公款供其他单位使用行为的认定

根据全国人大常委会《关于〈中华人民共和国刑法〉第

三百八十四条第一款的解释》的规定:“以个人名义将公款供其他单位使用的”、“个人决定以单位名义将公款供其他单位使用谋取个人利益的”,属于挪用公款“归个人使用”、在司法实践中,对于将公款供其他单位使用的,认定是否属于“以个人名义”,不能只看形式,要从实质上把握。对于行为人逃避财务监管,或者与使用人约定以个人名义进行,或者借款、还款都以个人名义进行,将公款给其他单位使用的,应认定为“以个人名义”。“个人决定”既包括行为人在职权范围内决定,也包括超越职权范围决定。“谋取个人利益”,既包括行为人与使用人事先约定谋取个人利益实际尚未获取的情况,也包括虽未事先约定但实际已获取了个人利益的情况、其中的“个人利益”,既包括不正当利益,也包括正当利益;既包括财产性利益,也包括非财产性利益,但这种非财产性利益应当是具体的实际利益,如升学、就业等:

(三)国有单位领导向其主管的具有法人资格的下级单位借公款归个人使用的认定

国有单位领导利用职务上的便利指令具有法人资格的下级单位将公款供个人使用的,属于挪用公款行为,构成犯罪的,应以挪用公款罪定罪处罚。

(四)挪用有价证券、金融凭证用于质押行为性质的认定

挪用金融凭证、有价证券用于质押,使公款处于风险之中,与挪用公款为他人提供担保没有实质的区别。符合刑法关于挪用公款罪规定的,以挪用公款罪定罪处罚挪用公款数额以实际或者可能承担的风险数额认定。

(五)挪用公款归还个人欠款行为性质的认定

挪用公款归还个人欠款的,应当根据产生欠款的原因分别认定

属于挪用公款的何种情形。归还个人进行非法活动或者进行营利活动产生的欠款，应当认定为挪用公款进行非法活动或者进行营利活动。

（六）挪用公款用于注册公司、企业行为性质的认定

申报注册资本是为进行生产经营活动作准备，属于成立公司、企业进行营利活动的组成部分。因此，挪用公款归个人用于公司、企业注册资本验资证明的，应当认定为挪用公款进行营利活动。

（七）挪用公款后尚未投入实际使用的行为性质的认定

挪用公款后尚未投入实际使用的，只要同时具备"数额较大"和"超过三个月未还"的构成要件，应当认定为挪用公款罪，但可以酌情从轻处罚。

3.《最高人民法院关于审理挪用公款案件具体应用法律若干问题的解释》（法释〔1998〕9号）

第二条 对挪用公款罪应区分三种不同情况予以认定：

（一）挪用公款归个人使用，数额较大、超过三个月未还的，构成挪用公款罪。挪用正在生息或者需要支付利息的公款归个人使用，数额较大，超过三个月但在案发前全部归还本金的，可以从轻处罚或者免除处罚。给国家、集体造成的利息损失应予追缴。挪用公款数额巨大，超过三个月，案发前全部归还的，可以酌情从轻处罚。

（二）挪用公款数额较大，归个人进行营利活动的，构成挪用公款罪，不受挪用时间和是否归还的限制。在案发前部分或者全部归还本息的，可以从轻处罚；情节轻微的，可以免除处罚。

挪用公款存入银行、用于集资、购买股票、国债等，属于挪用公款进行营利活动。所获取的利息、收益等违法所得，应当追缴，但

不计入挪用公款的数额。

（三）挪用公款归个人使用，进行赌博、走私等非法活动的，构成挪用公款罪，不受“数额较大”和挪用时间的限制。

挪用公款给他人使用，不知道使用人用公款进行营利活动或者用于非法活动，数额较大、超过三个月未还的，构成挪用公款罪；明知使用人用于营利活动或者非法活动的，应当认定为挪用人挪用公款进行营利活动或者非法活动。

4.《最高人民法院、最高人民检察院关于办理贪污贿赂刑事案件适用法律若干问题的解释》（法释〔2016〕9号）

第五条 挪用公款归个人使用，进行非法活动，数额在三万元以上的，应当依照刑法第三百八十四条的规定以挪用公款罪追究刑事责任；数额在三百万元以上的，应当认定为刑法第三百八十四条第一款规定的“数额巨大”。具有下列情形之一的，应当认定为刑法第三百八十四条第一款规定的“情节严重”：

（一）挪用公款数额在一百万元以上的；

（二）挪用救灾、抢险、防汛、优抚、扶贫、移民、救济特定款物，数额在五十万元以上不满一百万元的；

（三）挪用公款不退还，数额在五十万元以上不满一百万元的；

（四）其他严重的情节。

第六条 挪用公款归个人使用，进行营利活动或者超过三个月未还，数额在五万元以上的，应当认定为刑法第三百八十四条第一款规定的“数额较大”；数额在五百万元以上的，应当认定为刑法第三百八十四条第一款规定的“数额巨大”。具有下列情形之一的，应当认定为刑法第三百八十四条第一款规定的“情节严重”：

（一）挪用公款数额在二百万元以上的；

（二）挪用救灾、抢险、防汛、优抚、扶贫、移民、救济特定款物，数额在一百万元以上不满二百万元的；

（三）挪用公款不退还，数额在一百万元以上不满二百万元的；

（四）其他严重的情节。

六、玩忽职守核准申报“扶贫开发到户增收项目”

（一）案情简述

2013 年至 2015 年，范某在范县扶贫开发办公室负责“扶贫开发到户增收项目”审核、验收期间，在明知该项目扶持对象必须是农村低收入人口建档立卡识别登记的贫困户，在审核项目申报材料时未认真履行职责，致使 167 户非贫困户申报了“扶贫开发到户增收项目”，给国家造成经济损失 77.1 万元。

法院认为，被告人范某作为范县扶贫开发办公室负责“扶贫开发到户增收项目”的负责人员，在审核“扶贫开发到户增收项目”时严重不负责任，未认真履行职责，致使国家和人民利益遭受重大损失，其行为已构成玩忽职守罪。

（二）律师点评

范某是范县扶贫开发办公室聘用人员，虽然范某未列入国家机关人员编制，但是范某负责“扶贫开发到户增收项目”审核工作，该项工作是国家机关行使的职权，其行为代表国家机关行使该项职权，所以范某视为国家机关工作人员。因为范某审核项目申报材料时，严重不负责任，未认真履行职责，致使 167 户非贫困户申报了“扶贫开发到户增收项目”，给国家造成了实际损失。范某是工作马虎不认真，履职马虎不认真是玩忽职守罪的一个很大的特点，玩忽职守罪与滥用职权罪都存在工作中严重不负责任的情形，滥用职权罪一般表现为超越职权范围而积极追求，玩忽职守罪能则通常表现为虽有职责要求但不认真履行的情况。根据《刑法》第三百九十七条之规定，范某的行为属于玩忽职守，致使国家造成重大损失，其行为构成玩忽职守罪。

（三）相关法条

1. 玩忽职守罪

《刑法》第三百九十七条规定，国家机关工作人员滥用职权或者玩忽职守，致使公共财产、国家和人民利益遭受重大损失的，处三年以下有期徒刑或者拘役；情节特别严重的，处三年以上七年以下有期徒刑。本法另有规定的，依照规定。

2. 立案标准

《最高人民检察院关于渎职侵权犯罪案件立案标准的规定》规定，涉嫌下列情形之一的，应予立案：1. 造成死亡 1 人以上，或者重伤 3 人以上，或者重伤 2 人、轻伤 4 人以上，或者重伤 1 人、轻伤 7 人以上，或者轻伤 10 人以上的；2. 导致 20 人以上严重中毒的；3. 造成个人财产直接经济损失 10 万元以上，或者直接经济损失不满 10 万元，但间接经济损失 50 万元以上的；4. 造成公共财产或者法人、其他组织财产直接经济损失 20 万元以上，或者直接经济损失不满 20 万元，但间接经济损失 100 万元以上的；5. 虽未达到 3、4 两项数额标准，但 3、4 两项合计直接经济损失 20 万元以上，或者合计直接经济损失不满 20 万元，但合计间接经济损失 100 万元以上的；6. 造成公司、企业等单位停业、停产 6 个月以上，或者破产的；7. 弄虚作假，不报、缓报、谎报或者授意、指使、强令他人不报、缓报、谎报情况，导致重特大事故危害结果继续、扩大，或者致使抢救、调查、处理工作延误的；8. 严重损害国家声誉，或者造成恶劣社会影响的；9. 其他致使公共财产、国家和人民利益遭受重大损失的情形。国家机关工作人员滥用职权，符合刑法第九章所规定的特殊渎职罪构成要件的，按照该特殊规定追究刑事责任；主体不符合刑法第九章所规定的特殊渎职罪的主体要件，但滥用职权涉嫌前款第 1 项至第 9 项规定情形之一的，按照刑法第三百九十七条的规定以滥用职权罪追究刑事责任。

七、结语

以习近平同志为核心的党中央把脱贫攻坚作为关乎党和国家政治方向、根本制度和发展道路的大事。做好扶贫领域的监督执纪问责工作，加大对扶贫资金项目监管力度，对扶贫领域的腐败零容忍，发现一起查处一起，把查处扶贫领域中的作风问题和腐败问题作为一项重要的工作，确保中央脱贫攻坚决策部署落实到位。

通过上述扶贫领域的职务犯罪案例解析，警示心怀贪念以及不慎用手中权力的人，在扶贫工作中一定要清楚违纪、违法的标准和底线，不要心存侥幸，法网恢恢疏而不漏，对自己手中权力的使用要有如履薄冰之感，严格落实工作职责，常怀律己之心、常念贪欲之害。一个人的得失不仅毁掉的是个人的前程和自由，而且是对多个家庭的伤害，造成的是无以挽回的后果。防止扶贫领域干部失职渎职，应当加强以下几方面的工作：

（一）加强警示教育，坚定理想信念

面对大千世界各类纷繁复杂的诱惑，一个党员领导干部没有坚定的理想信念，就没有坚定的方向，就容易失去灵魂、丧失精神支柱。面对各种诱惑，使他们忘却了自己的初心，滥用手中的权力，将本应用于解决基层群众困苦的扶贫资金作为博取个人功名利禄

的财源。人无精神不立，国无精神不强。通过典型案例加强对党员干部精神的强大引导和教化作用，筑牢思想防线，提升个人修养境界，做到不忘初心，牢记为人民服务的宗旨。

（二）强化程序意识、纪律意识、法律意识

行为是思想的具体表现。思想上追求腐化生活的人必然在行为上表现为物欲感强，思想上追求自我价值体现的人行为上则会表现出克己为公。严格按照程序、权限办事，自觉把纪律挺在前面，自觉遵守组织纪律、廉洁纪律、群众纪律、工作纪律和生活纪律，在遵纪守法上立起更高标准，在严格自律上坚持更高要求，切实提高拒腐防变能力。程序要求是对决策的保证，对重大问题的决策一定要强化程序意识。对不按法律程序办事，造成重大损失和后果的，必然要追究其法律责任纪律责任。党员干部有时为了追求工作成果而忽略了程序要求，不当简化工作流程，思想上没有工作程序意识造成审批环节的疏漏。遵纪守法是从政为官的根本，最基本的底线也正是明法、敬法、遵法。以法纪为戒尺，树立法治理念、法治精神，增强法律意识，做到心有戒律，坚决不碰法纪红线。

（三）对扶贫领域的制度进行细化和量化

这一系列典型案件的发生，也折射出了扶贫资金制度管理缺陷，扶贫领域渎职失职犯罪案件之初，如果有严格具体可量化的制度，且具有很强的可操作性，从严密制度法网的角度防范渎职案件的发生。比如说建立扶贫资金信息披露制度、扶贫项目的公告公示制度，扶贫资金的发放审批等制度，一些基层单位之所以在扶贫领域胆大妄为渎职犯罪，主要是财务审计、财务公开、资金发放公示审批等监督管理环节没有真正落实相关制度，所以要对扶贫制度进行细化和具体量化，从资金分配和项目的管理，到验收检查、发放程序，要推进制度建设和预防，保证扶贫资金在阳光下运行。

（四）让制度成为干部心中始终带电的高压线

加大对扶贫领域渎职、失职犯罪案件的查办力度及法制宣传。一旦外在的监督不复存在，那么对欲望和贪念约束就会缺失，就会使人突破底线。所以一定要扎紧制度的笼子，加强对运行权力的监督，不断加大打击力度，强化问责追究，对扶贫领域的失职渎职人员绝不姑息，加大对办结案件的宣传力度，用身边的典型案例，不断给扶贫干部加强自我警示，时间久了，养成自觉接受监督的习惯和品质，时刻抱有敬畏之心，视之为高压线而不敢触碰，牢固树立正确的权力观，慎用自己手中的权力，增强自律意识，加强法律学习，提高程序规范认知，让党员干部即不因主动追求权利变现而身触高压线，也不因对法律的认知欠缺而导致身陷囹圄。

第九节 产业扶贫常用法律文书范例

范例1：

某县獭兔产业扶贫项目合作合同书

（合同编号：________）

甲方：________农民专业合作社

乙方：__________农业科技有限公司

丙方：__________县农牧兽医局

本合同由甲、乙、丙三方于2019年1月1日在__________订立。

第一条 签约背景

为充分发挥精准扶贫使用中央财扶资金的效益，发挥农民专业合作社、龙头企业的帮扶作用，带动贫困户增收脱贫，甲、乙、丙三方本着平等自愿、利益共享的原则进行合作，根据《中共中央 国务院关于打赢脱贫攻坚战的决定》《合同法》等有关政策、法律、法规之规定，就獭兔养殖产业扶贫项目（以下简称项目或本项目）达成如下合同条款，以资三方共同遵守执行。

第二条 合同主体

2.1 甲方系_____县贫困户自发组织成立的农民专业合作社，依法依规按照政策法规要求，将有限资源整合与投资商（扶贫项目实施单位）合作，打造獭兔养殖产供销项目作为扶贫项目实施，降低养殖成本、减少养殖风险，加快脱贫致富。

2.2 乙方系政府协调推荐甲方合作社确认的项目实施单位。

2.3 丙方系扶贫项目实施组织协调、监督考核单位。

第三条 合作项目及规模

甲、乙双方合作经营獭兔养殖项目，即甲、乙双方在_____乡共同打造、经营獭兔产业，第一期发展5.5万只种兔，年出栏商品兔180万只，根据项目发展情况，逐步规划经营规模。

第四条 合作期限

本合同合作期限为六年，自2019年1月1日起至2025年12月31日止；期满三方协商一致，可延长合作期限。

第五条 项目总投资及进度安排

5.1 项目总投资约____万元，其中甲方投资____万元，乙方投资____万元。

5.2 甲乙双方按照分别投资、共同建设的方式，建设獭兔养殖基地，各自享有产权，双方投资内容需在2019年____月____日前全部完成。

5.3 甲方投资____万元建设内容如下：

5.3.1 甲方完成集中育肥兔圈舍建设____栋，每栋____平方米，投资预算____万元（含前期费用），以决算价为准；

5.3.2 甲方购置集中育肥兔笼____套，采购预算____万元，以招标价为准。

5.4 乙方投资____万元建设内容如下：

5.4.1 乙方购进种兔____万只，并保证种兔存栏____万只，投资预算____万元；

5.4.2 乙方完成有机肥料厂建设，投资预算____万元左右；

5.4.3 乙方完成职工宿舍建设，面积____平方米左右（含装修及必要生活设施）投资预算____万元左右。

第六条 合作模式及收益分配

6.1 合作模式

6.1.1 甲方将建成后的集中育肥基地（圈舍、兔笼）出租给乙方使用和经营，乙方按照甲方实际投入资金（以决算价为准）所形成资产的10%/年向甲方支付租金收益（集中育肥基地）。

6.1.2 在合作期限内，乙方免费统一向甲方及其贫困户发放种兔并委托其进行寄养，在甲方及其贫困户寄养期间，乙方免费提供技术和培训、疫病防控、养殖饲料等。乙方在寄养50天内对寄养的幼兔全部进行回收，向甲方或者贫困户按照不低于7元/只的标准支付寄养收益。

6.1.3 丙方宣传引导，乙方技术指导，甲方组织贫困户（大户、农户）自筹资金改造现有圈舍；贫困户（大户、农户）自筹自行购置兔笼发展獭兔养殖。

6.1.4 乙方分期收购甲方投资建设的集中育肥基地资产（含集中育肥区圈舍及兔笼）。自甲方完成项目投资之日起六年内，乙方应当收购甲方投资形成的全部资产（价格以甲方投资额为准，不计提折旧）；乙方确保2022年年底前累计收购完成不少于甲方实际投资所形成资产的30%资产，2023年年底前累计收购完成不少于甲方实际投资所形成资产的60%资产，2024年年底前累计收购完成不少于甲方实际投资所形成资产的100%资产。乙方已收购的甲方资产归乙方所有，甲方需配合乙方办理固定资产转移手续。乙方已收购的资产甲方不再收取10%的租金收益，未收购部分继续按照10%收取租金收益。在乙方未收购完成甲方全部项目资产前，乙方在本合同项下涉及所有固定资产等全部抵押给甲方，未经甲方和丙方同意，乙方无权私自处置本合同所涉及固定资产。

6.2 收益分配

6.2.1 在合同期限内，乙方按照本合同第6.1.1条约定，按照甲方投入资金10%/年向甲方支付集中育肥基地租金收益。自交付乙方使用之日起乙方按年足额支付租金收益，每年分两次支付，每半年支付一次，每次支付年收益的50%，乙方未按期支付租金的，甲方有权收回出租的集中育肥基地，同时乙方承担违约责任。甲方合作社内部收益分配按照合作社章程等规定执行。

6.2.2 在合同期限内，乙方按照本合同第6.1.2条约定，按照7元/只向甲方按期支付寄养收益，现回收现结算。乙方未支付寄养费前，甲方有权留置寄养种兔及幼兔。甲方合作社内部收益分配按照合作社章程等规定执行。

第七条　产权界定

7.1　甲方投资权属

甲方按照本合同第6.1.1条约定，投入资金建设的集中育肥基地所形成的资产权属归甲方所有。

7.2　乙方投资权属

乙方自筹资金建设所形成的资产，建设完成后，产权归乙方所有。乙方在办理不动产登记证书时甲方、丙方予以配合。

7.3　权属登记及禁止

甲、乙双方自行投资所形成的土地及地上资产享有分别登记权。合作期间，非经甲方、丙双方书面同意，乙方不得对外抵押、出租、转让或其他损害归甲方、贫困户资产及其附属设施安全的行为。

7.4　装修及添附归属

乙方使用甲方资产期间，经甲方书面同意，有权对甲方资产进行装修或者添附，费用由乙方承担。乙方出资添附的未与甲方资产形成附合部分的资产归乙方所有，形成附合部分的资产归甲方所有。使用期间，乙方必须爱护甲方资产，乙方任何投资或装修行为不得破坏甲方原有资产的主体结构和建筑安全。否则，甲方有权立即收回，并要求乙方承担全部损害赔偿及违约责任。

第八条　双方投资出资约定

8.1　甲、乙双方按照以下约定的先后顺序履行投资义务：乙方先行投资建设，以阶段性乙方投资形成的实际资产为基准，凭银行业务凭证和政府有关业务部门的确认，甲方在乙方阶段性投资到位15个工作日内，按同等投资额度完成阶段性投资。甲方投资款到甲方指定账户，乙方投资款到乙方基本账户。

8.2　双方按照约定进行投资，最低投资额度不得低于约定的

90%，否则按违约处理。

第九条 资金的使用和管理

9.1 乙方的资金使用仅限发展养殖、加工、销售獭兔及獭兔产品，不得对外提供担保，不得以项目资产设定他项权利。

9.2 为确保贫困户权益，甲乙双方共同委托____县人民政府向项目公司派驻财务管理人员进行财务监管，监管方式由甲、乙双方与政府另行约定。

9.3 如发现乙方存在侵占、挪用、抽逃资金，或制造虚假债务、转移项目实施损害公司财产等违法行为，甲方、丙方有权通过法律程序处理，涉嫌犯罪的应移交公安机关。

第十条 甲、乙、丙三方的权利和义务

10.1 甲方的权利和义务

10.1.1 甲方将獭兔养殖基地出租给乙方，由乙方负责经营、管理等日常事务，有权对其经营过程进行监督，确保资金安全、养殖安全。

10.1.2 甲方投资所形成的全部资产归甲方所有。

10.1.3 甲方不干涉乙方的正常生产、经营活动。

10.1.4 甲方接受乙方在养殖技术上的指导与管理。

10.2 乙方的权利和义务

10.2.1 乙方依法享有自主生产经营权。

10.2.2 负责完成本合同约定的乙方建设内容和出资内容（含前期规划、设计等一切事宜），并组建项目技术及经营管理团队，独立完成项目运行管理，负责集中育肥基地的运营管理和合作社、农户的技术服务、技术管理。

10.2.3 乙方应按本合同约定按期足额向甲方支付租金和寄养费。

10.2.4 乙方利用自有资金建设（购置）的资产产权归乙方所有。

10.2.5 合作期间，乙方负责免费提供种兔交由甲方寄养。乙方调运前要对兔子进行100%的疫病检测，并携带当地动物疫病检疫部门出具的检疫合格证明的报告及相关手续。如乙方未按合同约定引入不符合标准的种兔，乙方应承担由此产生的全部责任和经济损失。如果调运过程中带入重大动物疫情，根据《动物防疫法》相关规定予以追责，由此而产生的全部损失均由乙方自行承担。

10.2.6 乙方提供饲养的獭兔健康并经检验、检疫达到饲养合格标准后，向甲方免费提供，并按养殖规模提前提供相应的饲料，甲方按照乙方提供的科学化饲养标准进行饲养。养殖期间，甲方除故意导致獭兔死亡、灭失的风险外，其他全部风险均由乙方自行承担。

10.2.7 乙方应当为全部獭兔投保足额家畜保险(承保范围包括但不限于疫情、丢失、被盗等)，如因乙方未投保或未足额投保导致兔子死亡、灭失等全部风险及损失由乙方自行承担。

10.2.8 乙方在经营期间，自主经营、自负盈亏，防疫、运行等全部风险均由乙方自行承担，与甲方无关。乙方任何风险(不可抗力原因除外)均不影响本合同项下甲方获得租金和寄养费的权利。

10.2.9 依法合规经营，依法纳税，依法保障用工人员劳务收入及必要保障措施，认真履行维稳、消防、安全生产、卫生防疫、爱国教育等企业社会责任，履行防疫、环保主体责任。

10.2.10 在合作期间内，非经甲方、丙方书面同意，乙方不得更换法定代表人和股东。但乙方为了扩大经营等，可以增加股东或者合伙人。

10.2.11 乙方租赁期间必须爱护甲方所有的养殖基地，确保基地内相关设施的完好无损(自然损耗不计)。经营期间如造成人为损坏，由乙方负责修缮、原价赔偿。

10.2.12 乙方在养殖经营过程中如发生违法、违规导致食品安全事故等情形发生，给人民群众的生命、健康、财产造成侵害以及经济损失，且社会影响恶劣的，除应接受相关行政部门及司法机关的查处，承担相关法律责任外，甲方有权视情节轻重选择解除合同、追究违约责任。

10.3 丙方的权利和义务

10.3.1 在政策法规允许范围内，丙方负责为乙方发展獭兔产业争取各项优惠扶持政策。

10.3.2 负责配合、协调獭兔养殖基地环保、国土等手续的办理。

10.3.3 负责对甲、乙双方合作期间相关问题协调解决。

10.3.4 有权对乙方的生产经营行为，依法监督检查。

10.3.5 合作期限届满，丙方逐步引导甲方、贫困户按照市场化原则，发展獭兔养殖产业，培育自我造血能力。

第十一条 担保责任

11.1 保证人

乙方法定代表人和股东提供连带保证责任，担保本合同项下乙方全部债务的履行。担保范围包括但不限于债务本金、利息、赔偿金、违约金，以及可能因诉讼产生的诉讼费、保全费、评估鉴定费、律师费等损失。

11.2 资产抵押

乙方将本合同项下自有资产作为抵押担保，担保本合同项下乙方全部债务的履行。担保范围包括但不限于债务本金、利息、赔偿金、违约金，以及可能因诉讼产生的诉讼费、保全费、评估鉴定费、律师费等损失。

第十二条 违约责任

12.1 合作期间，甲方不得擅自终止合同收回出租资产。否则，应当赔偿由此给乙方造成的实际损失。

12.2 合作期间，因甲方故意原因造成乙方寄养的商品兔死亡、灭失的，由甲方照价赔偿。

12.3 合作期间，乙方逾期向甲方支付租金的，每逾期1天，按应付未付总金额的万分之五向甲方支付违约金。逾期超过60天的，甲方有权解除合同，乙方赔偿甲方全部投资损失，并按照甲方投资总额的20%承担违约金。

12.4 合作期间，乙方逾期向甲方支付寄养费的，每逾期一天，乙方需额外支付0.5元/天寄养费，超过30天仍不回收的，甲方有权自行出售商品兔收回寄养费，不足部分由乙方继续补足。

12.5 合作期间，乙方逾期完成甲方资产收购的，每逾期1天，按应收购资产金额的万分之五向甲方支付违约金。

12.6 合作期间，双方存在的其他违约行为，按照本合同约定和法律规定执行。

12.7 如因一方违约行为发生诉讼的，因此产生的诉讼费、律师费、公证费、鉴定费、评估费、差旅费等全部相关费用由败诉方承担。

第十三条 独立监督考核机构

13.1 由丙负责组织甲方、乙方共同成立项目监督考核委员会，委员会由丙方代表、贫困户代表、乡镇干部、访惠聚工作队、法律顾问、审计以及农牧业专家组成，委员会办公室设立在项目所在乡镇。

13.2 该委员会设立后，由委员会负责对本项目实施过程中扶贫资金使用、出租资产管理、贫困户收益保障等方面进行监督考核。委员会具体职责、权限、监督考核方式待成立后三方具体制定。

第十四条 争议解决

本合同履行过程中，如发生争议，三方应友好协商解决。协商不成的，向项目所在地有管辖权的人民法院诉讼解决。

第十五条 未尽事宜

本合同其他未尽事宜，由三方另行协商签订补充合同确定。

第十六条 附则

16.1 本合同约定的内容，如有与上级政策文件、法律法规不一致或相冲突的条款，则三方应当变更、取消或终止该条款执行。该条款无效不影响本合同其他条款的法律效力。

16.2 本合同自甲、乙、丙三方签字盖章之日起生效。

16.3 本合同一式陆份，甲、乙、丙三方各执贰份，具有同等的法律效力。

16.4 本合同尾部载明的三方地址、电话等信息，系各方有效联系方式，如发生变更，应提前书面通知其他两方，否则依该联系方式送达相关文书的，视为送达成功。

（以下无正文，为本合同签署页）

甲方：

法定代表人（或委托代理人）：

联系电话：

联系地址：

电子邮箱：

乙方：

法定代表人（或委托代理人）：

联系电话：

联系地址：

电子邮箱：

丙方：
法定代表人（或委托代理人）：
联系电话：
联系地址：
电子邮箱：

范例2：

羊只购买合同

（合同编号：________）

甲方（贫困户）：______________________________________

乙方（企业方）：______________________________________

丙方（监督方）：______县______乡______村民委员会

为推动______县产业脱贫事业，加快推进______县______养殖产业发展，实现贫困户收入增加，依据《中华人民共和国合同法》相关规定，甲、乙、丙就____羊只____购买事宜约定如下：

第一条　技术要求

1.1　品种：____________

1.2　规格：年龄____周岁以上，体重不低于____公斤。体质健康、生长发育好、外貌体征明显，无明显外观缺陷或疾病。

1.3 需携带非疫区证明、官方免疫证明（免疫率100%）、动物检疫合格证明、各动物检查站抽样检测证明，畜牧部门出具的口蹄疫三价疫苗、布病、传染性胸膜肺炎免疫证明。畜牧部门出具的口蹄疫、布病抗体检验证明。耳标佩戴率100%。

第二条 供货数量、价款和时间

2.1 甲方购买的羊只单价____元/只，货款总计____元（大写：________元整）。本条约定的单价含甲方购买羊只所需的全部费用，包括但不限于购买、运输、税金、保险、疾病检测、防疫等费用，甲方无须再承担其他任何费用。

2.2 乙方需在____年____月____日前完成本合同约定数量的羊只购进工作（本条所指“约定数量”为“甲方、丙方验收合格数量”）。

第三条 交付与验收

乙方提供的羊只运抵____县境内后，需在指定隔离观察点进行隔离，法定隔离期满时甲方、丙方及相关职能部门进行技术验收，对下列不合格______不予验收：

（1）已经死亡或者没有死亡但不能够站立行走；

（2）年龄、体重不在本合同要求范围之内；

（3）有明显外观缺陷或疾病，包括但不限于瞎眼、瘸腿、发育不良等；

（4）有传染性胸膜炎、口蹄疫等疫病或其他不符合养殖条件的传染性疾病；

（5）不符合合同约定标准或饲养条件的其他情形。

第四条 质保期限

因甲方将购买的羊只全部托养给乙方，本合同项下的羊只质保期限为____年。

第五条　质量保证责任

在本合同约定的质保期限内出现羊只死亡损失由乙方承担，不影响甲方收取固定收益。

第六条　付款方式

6.1　本合同签订后_____日内，甲方向乙方支付货款总价的____%，即人民币____元（大写：________元整）；

6.2　乙方提供财产抵押（质押）担保并办理抵押（质押）权登记，且乙方提供自然人保证担保后____日内，甲方向乙方支付货款总价的____%，即人民币____元（大写：________元整）；

6.3　乙方将羊只运抵_____县境内指定隔离观察点进行隔离，法定隔离期满，由乙方对羊只进行集中免疫，并经技术验收合格后，甲方向乙方支付货款总价的____%，即人民币____元（大写：________元整）。

第七条　各方权利义务

7.1　甲方权利和义务

7.1.1　甲方作为贫困户，自愿购买羊只，并按合同约定支付购买款项。

7.1.2　有权监督乙方购买、交付羊只的全过程，有权拒绝支付验收不合格的羊只的款项。

7.2　乙方权利义务

7.2.1　负责集中采购甲方购买的羊只，协调甲方认领购买的羊只；

7.2.2　乙方须依法依规经营，认真履行维稳、消防、安全生产、卫生防疫、爱国教育、计划生育等企业社会责任，履行防疫、环保主体责任；

7.2.3 乙方提供的羊只必须符合本合同约定技术标准；

7.2.4 隔离观察期间所需费用由乙方承担，隔离观察期间羊只死亡损失由乙方承担，所有羊只应购买保险，保险费用已包含在总货款中，乙方应在验收时一并出示购买保险凭证。

7.3 丙方权利义务

7.3.1 丙方作为甲方所在地基层自治组织，通过合法合规程序，在充分尊重甲方意愿基础上，确定乙方为本合同的项目实施主体，组织甲方筹集购买羊只资金事宜，并按合同约定支付购买羊只款项；

7.3.2 丙方有权对合同履行过程中其他各方进行监督，确保合同顺利履行，保障甲方的合法权益。

第八条 违约责任

8.1 乙方未能按期完成本合同约定数量的羊只，即视为乙方违约（本条所指“约定数量”为“甲方、丙方验收合格数量”），乙方需支付差额部分羊只价款的____%作为违约金。

8.2 因甲方逾期支付货款的，视为甲方违约，每日应按未付款项的____‰支付逾期违约金。逾期付款超过____日的，乙方有权解除合同，甲方应按未付款项的款项______%作为违约金。

8.3 本合同任何一方因不可抗力事件，可以根据不可抗力的影响程度，部分或全部免除责任。不可抗力致使合同不能履行的，合同可以解除，双方互不承担责任。

8.4 本合同履行期间因国家政策原因而导致不能继续履行，本合同解除，甲、乙双方互不承担违约责任，损失各自负担。

8.5 如因违约行为发生诉讼的，因此产生的诉讼费、律师费、公证费、鉴定费、评估费等全部相关费用均由违约方承担。

第九条 合同生效与终止

9.1 本合同一式四份，自甲、乙、丙三方签字盖章后生效，甲、乙、丙三方各执一份，交______县______乡人民政府一份备案。

9.2 本合同未尽事宜，在甲、乙、丙协商一致的基础上，可签订补充协议，补充协议与本合同具有同等法律效力。

9.3 本合同在执行过程中一方需要告知、通知、函询对方，都必须以书面加盖公章的形式处理，任何一方不得拒收（拒复）对方的告知、通知和函询。

9.4 本合同履行过程中，如发生争议，各方应友好协商解决；协商不成的，应向丙方住所地有管辖权的人民法院诉讼解决。

9.5 本合同载明的各方联系人、联系电话、联系地址等信息，系各方有效联系方式，如发生变更，应提前书面通知另一方，否则依该联系方式送达相关文书的，送达之日即视为送达成功。

（以下无正文，为本合同签署页）

甲　　方：	乙　　方：
身份证号：	法定代表人或授权代表：
联系电话：	联系电话：
联系地址：	联系地址：

丙　　方：______县______乡______村民委员会

法定代表人或授权代表：

联系电话：

联系地址：

签约日期：　　年　　月　　日

范例3：

羊只托养合同

（合同编号：________）

甲方（委托方）：______________________________（贫困户）

乙方（受托方）：______________________________（企业方）

丙　　　　方：______县______乡______村民委员会

依据《合同法》相关规定及甲、乙、丙三方于____年____月____日签订的《羊只购买合同》的约定（以下简称购买合同），甲、乙、丙三方经协商一致，在平等互利基础上，明确三方权利和义务，就羊只托养事宜自愿签订本合同。

第一条　托养内容

甲、乙、丙三方于____年____月____日签订“购买合同”，约定由甲方向乙方购买羊只，总价人民币____元（大写：________元整）。现甲方将全部羊只统一托养给乙方，由乙方向甲方支付托养固定收益。

第二条　托养期限

托养期限为____年，自____年____月____日起至____年____月____日止；托养期限届满前____日，经各方协商一致的，可以续签合同。

第三条　托养数量

甲方将羊只全部托养给乙方，托养羊只的详情见附件清单（含托养的羊只的耳标号、体重、年龄、品种等信息）。

第四条　托养任务

4.1　乙方按甲方托养要求负责羊只的日常饲养和管理，负责羊只的养殖、销售，乙方每年按本合同第一条约定的甲方托养的羊只的总价的____%向甲方支付固定收益，即每年____元（大写：__________元整）。甲方与其他贫困户（农户）共同出资购买羊只的，由甲方与共同出资人按照出资比例收取托养固定收益。

4.2　甲方托养的羊只的所有权归甲方所有，乙方需按动物防疫要求做好羊只的日常防疫工作并自行承担费用。因乙方每年向甲方支付托养固定收益，故乙方对羊只托养期间的孳息享有所有权。

4.3　乙方完成托养及支付固定收益后，由乙方自主进行经营销售和品牌运行，经营销售收益和其他相关收益权归乙方所有。

第五条　托养固定收益支付及托养返还

5.1　乙方应在每年____月____日前向甲方一次性支付本合同约定的托养固定收益。

5.2　托养期限届满，各方均同意按如下方式处理：

5.2.1　各方一致同意继续托养的，经各方协商后可以续签合同；

5.2.2　各方未达成一致或不同意继续托养的，乙方应在托养期限届满之日起三十日内按《购买合同》约定的羊只的标准向甲方返还托养的羊只（体重 ±____公斤以内）。

第六条　各方职责

6.1　甲方职责

6.1.1　对托养的羊只享有所有权，监督乙方按照“四良一规范”（良种、良料、良舍、良法和规范化防疫）要求进行科学养殖；

6.1.2　托养期间，有权按合同约定收取固定收益，除各方协商一致外，不得提前或随意收回托养给乙方的羊只。

6.2　乙方职责

6.2.1　按照本合同规定，完成托养任务，向甲方支付托养固定收益后，合法享有养殖经营销售收益和其他相关收益；

6.2.2　接收甲方托养的羊只前，应认真核对相关检疫档案，不得将未检疫的、患病的羊只纳入托养范围；

6.2.3　按照“四良一规范”要求对甲方托养的羊只进行科学养殖；

6.2.4　托养期限届满时，如未续签合同的，乙方需按本合同第5.2条约定履行义务；

6.2.5　接受甲方及丙方监督，托养期间履行动物疫病防治职责，按照畜牧部门要求进行疫病防控；

6.2.6　承担托养期间所有成本及损失，无论自身经营状况如何及托养的羊只死亡与否，均需按本合同约定履行本合同第五条约定的义务。

6.3　丙方职责

丙方有权对乙方的生产经营行为进行监督检查，有权要求乙方定期或不定期提供生产、经营状况的书面汇报，但不得干涉乙方的自主经营权。

第七条　违约责任

7.1　因甲、乙、丙三方任何一方责任，导致违约甚至终止合同的由违约方向守约方承担违约责任。

7.2　乙方需按照合同规定及时支付托养固定收益，乙方每逾期一天，需按应支付固定收益总额____%支付违约金。

7.3　托养期限届满，乙方未按照本合同第5.2条约定履行义务的，每逾期一天，按应返还羊只价值总额的____%支付违约金。

7.4 如乙方违约或者发生其他可能违约的重大情形的，甲方或者丙方可以通知乙方终止合同，乙方在收到通知之日起____日内将托养的羊只全部安全交还甲方并承担由此给甲方造成的实际损失。

7.5 因一方违约，守约方主张违约责任的，由违约方承担守约方主张权利而支出的全部费用，包括但不限于律师费、诉讼费、保全费、担保费、评估费、鉴定费、公证费、交通费等费用。

第八条 其他

8.1 本合同一式四份，自甲、乙、丙三方签字盖章后生效，甲、乙、丙三方各执一份，交____县____乡人民政府一份备案。

8.2 本合同未尽事宜，在甲、乙、丙协商一致的基础上，可签订补充协议，补充协议与本合同具有同等法律效力。

8.3 本合同在执行过程中一方需要告知、通知、函询对方，都必须以书面加盖公章的形式处理，任何一方不得拒收（拒复）对方的告知、通知和函询。

8.4 本合同履行过程中，如发生争议，各方应友好协商解决；协商不成的，应向丙方住所地有管辖权的人民法院诉讼解决。

8.5 本合同载明的各方联系人、联系电话、联系地址等信息，系各方有效联系方式，如发生变更，应提前书面通知另一方，否则依该联系方式送达相关文书的，送达之日即视为送达成功。

（以下无正文，为本合同签署页）

甲　　方：　　　　　　　　乙　　方：

身份证号：　　　　　　　　法定代表人或授权代表：

联系电话：　　　　　　　　联系电话：
联系地址：　　　　　　　　联系地址：

丙　　方：______县______乡______村民委员会
法定代表人或授权代表：
联系电话：
联系地址：
签约日期：　　年　　月　　日

范例4：

订单农作物保底收购协议

（合同编号：________）

甲方：____________________________（公司）
乙方：____________________________（合作社）
丙方：____________________________（乡）

本合同由甲、乙、丙三方于2019年____月____日在____订立。

为加快农业产业结构调整步伐，推进农村资源变资产、资金变股金、农民变股东，促进产业提质增效、农民增收，实现贫困户脱贫致富，根据《中华人民共和国合同法》及国家有关法律、法规的规定，本着平等、自愿、公平、诚实信用的原则，三方就大豆种植保底收购事宜达成如下协议：

第一条　农作物、品种、收购价格及合作期限

农作物	保底收购价（元/斤）	订单数量（斤）	质量标准	合作期限
大豆	×××（当实际收购时市场价格高于保底收购价，则以实际收购时市场价格为准）	以甲方下达的订单为准	种皮为黄色、淡黄色、脐为黄褐、淡褐或深褐的籽粒不低于95%，籽粒完好正常，无生霉粒、虫蚀率、病斑粒等	3年（自协议签订之日起算）

第二条　质量要求

2.1　内在质量：乙方应按规范操作，严格按照国家标准使用农药及化肥，保证质量符合国家无公害农产品质量安全标准。

2.2　外观质量：存在病害、虫害及腐烂等现象的大豆比例不得超过1%。

第三条　交货方式、时间及地点

乙方按照甲方下达的订单，每年于____月____日前将种植的大豆运输到甲方指定收货地点______，运输费用由乙方自行承担。甲方按照保底价格进行收购。

第四条　结算方式

甲方采取现场验收的方式进行保底收购，验收合格的由甲方出具验收合格收据，乙方于验收合格当日起3个工作日内将款项结算所需资料（营业执照、开户许可证、法人代表身份证复印件、供货明细表、收购协议复印件、发票、农户花名册）提供给甲方，甲方自收到乙方结算资料经核实无误后5个工作日内向乙方支付全部收购款，涉及农户自行种植情况的，乙方须在收到甲方支付款项后3日内兑现到户。

第五条 甲、乙、丙三方权利与义务

5.1 甲方权利及义务

5.1.1 甲方有权拒收乙方不符合质量标准提的大豆。

5.1.2 甲方应做好收购安排，提前通知乙方供货时间、数量及地点。

5.1.3 甲方应安排技术人员（不少于两人），对乙方种植大豆进行定点现场技术指导。

5.1.4 甲方应按协议约定按时支付收购款项。

5.2 乙方权利及义务

5.2.1 乙方有权要求甲方按时支付收购款项。

5.2.2 乙方应按照甲方订单种植面积和数量进行种植。

5.2.3 乙方应当按照甲方技术人员的指导进行科学种植。

5.2.4 乙方应根据甲方具体安排，配合甲方做好交货及收购秩序。

5.3 丙方权利及义务

5.3.1 公平公正地监督甲、乙双方履行各自的职责和义务，维护双方合法权益。维护收购秩序有序进行，制止故意扰乱收购秩序的行为。

5.3.2 丙方有义务汇总辖区大豆种植面积及产量情况，帮助乙方解决存在的困难或及时与甲方沟通协商解决。

5.3.3 监督乙方收到甲方收购款后按时足额兑现到户。

5.3.4 丙方有义务监督乙方在种植过程中符合相关安全质量标准，避免造成产品质量安全问题。

第六条 违约责任

6.1 乙方将种植的大豆按时送达到甲方指定交货地点，甲方不及时接收大豆逾期收购的，每逾期1天，按照该批次大豆收购款

(按照保底价格计算，市场价格高于保底价格的，则按照市场价格计算。下同)的5‰承担违约金；逾期超过15天不收购的，乙方有权自行对外销售处理，由此造成的乙方全部经济损失(含预期收益损失)由甲方负责赔偿，并按照该批次大豆收购款的20%向乙方支付违约金。

6.2　甲方应当在收到乙方提供的结算资料后5个工作日内按期足额向乙方支付收购款，每逾期1日，甲方向乙方支付应付款项5‰的违约金。

6.3　乙方未按质量安全标准提供产品，导致甲方拒收或因此造成的经济损失由乙方自行承担。

6.4　甲、乙双方任何一方违约，守约方为追偿债权而发生的律师费、诉讼费、交通费等费用由违约方承担。

第七条　不可抗力

任何一方由于不可抗力的原因不能履行协议时，应及时告知其他协议方不能履行或不能完全履行的理由，并根据情况可部分或全部免除责任。

第八条　协议变更、终止和解除

8.1　本协议依法签订后，三方必须全面履行协议约定的职责和义务，未经三方同意，任何一方不得擅自变更协议内容，确须变更时，由三方协商一致签订书面变更协议。

8.2　协议期满或三方约定的协议终止条件出现，协议自行终止。

8.3　协议未尽事宜，双方可签订补充协议，补充协议与本协议为不可分割的一部分，具有同等的法律效力。

第九条　争议解决

本协议在履行过程中发生争议由三方协商解决，经三方协商未能达成一致，三方均有权向丙方所在地有管辖权的人民法院提起诉讼。

第十条 附则

10.1 本协议自甲、乙、丙三方签字盖章之日起生效。

10.2 本合同一式六份，甲、乙、丙三方各执两份，具有同等的法律效力。

10.3 本合同尾部载明的三方地址、电话等信息，系各方有效联系方式，如发生变更，应提前书面通知其他两方，否则依该联系方式送达相关文书的，视为送达成功。

（以下无正文，为本协议签署页）

甲方：

法定代表人（或委托代理人）：

联系电话：

联系地址：

电子邮箱：

乙方：

法定代表人（或委托代理人）：

联系电话：

联系地址：

电子邮箱：

丙方：

法定代表人（或委托代理人）：

联系电话：
联系地址：
电子邮箱：

范例5：

农村土地承包经营权流转合同

（合同编号：________）

甲方（出让方）：________________________________

乙方（受让方）：________________________________

第一条 根据《合同法》《农村土地承包法》等法律法规，本着平等协商、依法、自愿、有偿的原则，甲、乙双方就农村土地承包经营权流转事宜协商一致，订立本合同。

第二条 甲方以____（承包、转包、转让、互换、租赁、入股）形式将位于____县（市、区）____乡（镇、街道）____村____组的承包土地（其中水田____亩、山林____亩、水面____亩、旱地____亩）流转给乙方从事农业生产（具体情况见下表）。

序号	地块名称（地块编号）	等级	面积（亩）	四至				土地承包经营权证或承包合同编号
				东	南	西	北	
1								
2								
3								
4								
合计								

第三条 流转期限:____年____月____日至____年____月____日。

第四条 该土地以____(承包、转包、转让、互换、租赁、入股)方式流转给乙方经营,流转期内,乙方不得擅自改变流转土地的使用性质用于非农建设。

第五条 甲方应于____年____月____日前将流转土地交付乙方。甲方保证土地流转期限在其承包期限之内。

第六条 双方以下列第____种方式确定土地流转的价款。

6.1 流转土地单价为每年每亩____元,合计____元。

6.2 第一年流转土地单价为每亩____元,以后每年递增____%。

6.3 第一年流转土地单价为每亩____元,以后每年流转土地单价按每百斤(玉米、棉花、油菜等)当地政府收购指导价的调整进行调整。

6.4 其他:________________________________。

第七条 流转土地价款按下列第____种方式支付。

7.1 一次性支付:于____年____月____日前全部支付完毕。

7.2 分期支付:乙方应在____年____月____日前向甲方支付第一年度流转土地价款,以后每年____月____日前付清该年度流转土地价款。

7.3 其他:________________________________。

第八条 乙方应于本合同生效后____日内向甲方支付____元定金,定金在乙方依约定支付流转土地价款时返还或充作流转土地价款。乙方不履行约定债务的,无权要求返还定金,甲方不履行约定债务的,应当双倍返还定金。

第九条 双方权利义务

9.1 甲方应按时将流转土地交给乙方。

9.2 甲方保证其流转的土地承包经营权合法、真实、有效。

9.3　流转期内，乙方享有生产经营自主权、产品收益权等，甲方不得干预。

9.4　流转期内，乙方应当依法保护流转土地和合理利用流转土地，不得损害流转土地基础设施，不得从事掠夺性经营，不得给流转土地造成永久性损害。

9.5　未经甲方同意，乙方不得将流转土地再次流转，不得将流转土地进行抵押和抵偿债务。

9.6　合同期满后，乙方的相关设施及地上附着物，双方同意按以下第____种方式处理。

9.6.1　归甲方所有，甲方不作补偿。

9.6.2　双方协商通过折价方式由甲方给予乙方补偿，归甲方所有；协商不成的，由乙方在____日内拆除，恢复原状，甲方不作补偿。

9.7　流转期满，乙方应保证流转土地达到出让时流转土地的等级和质量。流转土地交还时，双方关于土地恢复原状的约定：____。

第十条　违约责任

10.1　甲方逾期交付流转土地的，每逾期一天，应向乙方支付____元违约金。逾期达____天的，乙方有权解除合同并保留追究甲方违约责任的权利。

10.2　乙方逾期支付土地流转费用的，每逾期一天，应向甲方支付____元违约金。逾期达____天的，甲方有权解除合同并保留追究乙方违约责任的权利。

10.3　发生下列情况，甲方有权解除合同，给甲方造成损失的，乙方应予赔偿。

10.3.1　乙方改变流转土地使用性质的。

10.3.2 乙方从事掠夺性经营，造成流转土地永久性损害的。

10.3.3 乙方在取得流转土地承包经营权后，抛荒流转土地达到____月的。

10.4 甲方非法干预乙方正常生产经营活动或者流转期限截止日晚于甲方承包期限截止日给乙方造成损失的，应予以赔偿，乙方有权解除合同。

10.5 其他违约责任________________________________。

第十一条 在本合同履行期间，若流转土地承包经营权灭失的，双方约定按照以下方式处理：______。

第十二条 本合同发生争议的，可以由双方协商解决，也可请求村民委员会、乡（镇）、市（州）人民政府调解。协商调解不成的，按下列方式解决：______

12.1 向________________申请仲裁。

12.2 向__________人民法院提起诉讼。

第十三条 本合同自甲、乙双方签字或盖章（捺指印）之日起生效。本合同一式三份，双方各执一份，向乡（镇、街道）农村土地承包管理部门备案一份。

甲　　方：	乙　　方：
身份证号：	法定代表人（或身份证号）：
住　　所：	住　　所：
联系方式：	联系方式：
签约日期：	签约日期：

范例6：

标准厂房租赁合同

（合同编号：________）

甲方（出租方）：______________________________

乙方（承租方）：______________________________

本合同由甲、乙双方于2019年____月____日在____订立。

根据《合同法》等法律法规规定，本着平等协商、依法、自愿、有偿的原则，甲、乙双方就租赁__________事宜，同意按以下条款和条件订立本合同。

第一条 甲方特此陈述和保证

甲方已按有关法律、法规、合同规定取得了出租厂房和设备的所有权、使用权或转租权。

第二条 乙方特此陈述和保证

乙方在租赁期间将合法经营，在营业执照规定的范围内开展业务活动。

第三条 租赁物

租赁物为位于__________的厂房和机械设备（机械设备清单见附件），厂房面积为____平方米。

第四条 租赁期限

租赁期限自____年____月____日起至____年____月____日止。期限届满，如甲方决定继续出租的，在同等条件下，乙方有优先续租权。

第五条 租赁用途

____。

第六条 租金及支付方式

6.1 租金:每年人民币____元(大写:________元整)。

6.2 押金:____元(大写:________元整)。

6.3 付款方式:________________________________。

第七条 甲方责任

7.1 甲方须于____年____月____日前将租赁物按现实际状况交付乙方使用。

7.2 甲方提供场地的水、电表,水电费由甲方按政府有关部门的收费标准收取,乙方应如数交纳,乙方不交或者缓交而给甲方造成的损失,甲方有权从押金中扣除。

第八条 乙方责任

8.1 乙方须按本合同规定的时间内向甲方交纳租金,乙方逾期交纳的,每逾期一天,应向甲方支付____%违约金。

8.2 甲方行使解除权并不影响甲方追究乙方的违约责任及经济赔偿。

8.3 乙方应爱护租赁物及有关公共设施,除本合同另有规定外,未经甲方同意,不得交换或拆除租赁物及公共设施,造成租用财产损坏的,由乙方负责修复或赔偿。

8.4 不得在租赁物内从事违反法律规定的活动。

8.5 在租赁期间合法经营,不改变租赁物用途,并负责租赁物内的卫生、保安、消防等事务。

8.6 租赁物内财物的火灾等保险由乙方自行办理。

8.7 乙方对承租的租赁物内外进行装潢,不得变动承重结构,装潢方案需先经甲方认可,后报经政府有关部门批准后方可实施。

第九条 如果发生下列任何一种情况，甲方可终止、解除本合同：

9.1 乙方违反本合同条款使用租赁物，实质上损害甲方的权益，并且在甲方已向乙方发出书面违约通知书后____天内仍未纠正上述情况。

9.2 乙方逾期____天未付租金，甲方有权单方面终止本合同并直接接管出租之租赁物，同时乙方需在____天内使租赁物恢复原状。甲方没收乙方押金作为赔偿后，押金不足以赔偿实际损失的，甲方有权要求赔偿不足部分。

9.3 乙方如需提早解约须提前____天书面通知甲方，甲方同意后，可以退还押金，否则甲方有权没收乙方的押金作为赔偿之一部分，且甲方有权要求乙方继续履行本合同。

9.4 未经甲方同意，乙方租赁物实行转租，或转承包，或未履行付款约定。

第十条 本合同期满或提前终止时的财产处理：

10.1 乙方应向甲方归还处于正常状况的租赁物。

10.2 乙方自行处置属于乙方的所有移动物品，但不拆除固定装修设施。

10.3 因乙方违约致本合同提前终止或租期届满，乙方留存于租赁场地内的固定装修、设施，乙方无偿留给甲方。

第十一条 在本合同期满前____个月，乙方可书面要求续约，并享有优先续租权。

第十二条 任何因执行本合同而产生的或与本合同有关的争议，双方应首先争取通过友好协商解决。如果争议未能友好协商解决，则任何一方可向甲方住所地人民法院起诉。

第十三条 本合同构成双方就本合同标的之全部协议，并取代双方以前的全部讨论、谈判和协议。

第十四条 在双方谈判和联系过程中，一方掌握另一方的资料、信息均被视为机密，双方均不得互为利用或加以泄露。

第十五条 本合同自甲、乙双方签字盖章之日起生效，未尽事宜可由双方协商，签署补充协议。补充协议与本合同具有同等法律效力。

第十六条 本合同一式四份，甲方与乙方各执两份。

（以下无正文，为本合同签署页）

甲方：

法定代表人（或委托代理人）：

联系电话：

联系地址：

电子邮箱：

乙方：

法定代表人（或委托代理人）：

联系电话：

联系地址：

电子邮箱：

范例7：

合作社入社协议书

（协议编号：________）

甲方：______________专业合作社

乙方：______________

本协议由甲、乙双方于2019年____月____日在____订立。

为规范本社经营活动，保护合作社成员合法权益，增加社员收入，促进本社健康发展，根据《农民专业合作社法》和有关法律、法规规定，甲、乙双方经自愿、平等协商达成如下协议：

第一条 乙方自签订协议之日起，成为________专业合作社的社员，享受合作社社员的一切优惠待遇，履行一切社员应尽的义务。

第二条 甲方以本社社员为主要服务对象，组织成员养殖畜禽、开展养殖畜禽技术培训、咨询服务，回收销售畜禽。合作社负责提供种畜禽、饲料、畜禽药、笼具、技术以及销售，实现产、供、销一条龙服务，社员可以以现金入股或者以出售产品购买生产资料的差价和二次分红作为股份。主要业务及服务内容如下：

2.1 统一提供优质种畜禽，社员购买种畜禽按社员价格供给，非社员按市场价格供给。合作社所供种畜禽七天之内出现质量问题可调换。所供种畜禽均按规定防疫程序进行了疫苗。如果本社成员对供种畜禽事宜有异议，经协商也可自行购买，仍可享受社员优惠待遇。

2.2 统一采购配送各阶段专用全价颗粒饲料、专用畜禽药，社员购买按照成本价供给，非社员购买按市场价格供给。

2.3 统一回收社员的商品畜禽，承诺价格高于市场收购价，产品回收方法：一是距离近的可直接回收活畜禽，二是距离远的可安排客户定点定时回收。如果本社成员对价格有异议，经协商也可自行销售（向合作社销售产品的可以享受加工销售增值提取的二次分红，不向合作社销售产品、购买生产资料的不能享受二次分红）。

2.4 统一制定并组织社员实施畜禽养殖生产质量标准，组织开展社员生产经营中的技术指导、咨询、培训和交流等活动，向社员提供养殖畜禽生产技术和经营信息等资料。

2.5 合作社定期举办免费的技术培训课程，请专家为广大养殖户答疑解难，同时安排专人为社员提供跟踪服务。

2.6 统一申报、认证认定无公害畜禽生产基地、绿色食品，提升产业结构和品牌价值。

2.7 本合作社本着入社自愿、退社自由的经营原则经营。

第三条 本社社员须履行下列义务

3.1 遵守本社各项规章制度，积极参加本社各项业务活动。

3.2 接受本社提供的技术指导，按照本社规定的质量标准和生产技术规程从事养殖畜禽生产，履行本协议。

3.3 发扬互助协作精神，谋求共同发展。

第四条 本协议未尽事宜，甲乙双方协商处理。

第五条 因本协议发生争议的，双方友好协商解决；协商不成的，向甲方住所地有管辖权的人民法院起诉解决。

第六条 本协议一式两份，甲、乙双方各执一份，签字盖章生效，由双方共同遵守。

（以下无正文，为本协议签署页）

甲方：____________专业合作社

法定代表人：

乙方：

身份证号：

家庭住址：

联系电话：

范例8：

抵押合同

（合同编号：__________）

抵押人（全称）：______________________________

营业执照号码：______________________________

法定代表人（主要负责人）：__________________

住所（地址）：______________________________

邮政编码：______________________________

基本存款账户开户行及账号：________________

开户行：______________________________

账号：______________________________

联系电话及传真：____________________________

抵押权人(全称):______________________

法定代表人:______________________

住所(地址):______________________

邮政编码:______________________

联系电话及传真:______________________

为了确保债务人______与抵押权人于____年____月____日签订的编号为______《______合同》(以下简称主合同)项下债务人的义务得到切实履行,保障抵押权人债权的实现,抵押人自愿向抵押权人提供抵押担保。为明确双方的权利、义务,根据《合同法》《担保法》《物权法》及其他有关法律、法规规定,各方在平等自愿、协商一致的基础上订立本合同,以约束双方共同信守。

第一条 被担保的主债权种类、数额

本合同所担保的主债权为抵押权人在主合同项下所享有的债权,债权数额为人民币____万元(大写:________万元整)。

第二条 抵押人的担保期间

2.1 本合同项下抵押担保期间为主合同约定的债务履行期届满之次日起两年。

2.2 若发生法律、法规规定或主合同约定的事项,抵押权人提前追偿主债权的,抵押担保期间为自抵押权人向抵押人发出通知确定的到期日之次日起两年。

第三条 抵押担保范围

本合同项下的抵押担保范围包括:主合同项下的主债权本金、利息、违约金、损害赔偿金、实现债权的费用以及所有其他应付费用,包括但不限于诉讼费、仲裁费、财产保全费、评估费、拍卖费、执行费、过户费、代理费等。

第四条　抵押物

4.1　抵押人自愿以本合同项下的抵押物清单所列财产作为抵押物设定抵押。抵押物清单是本合同不可分割的组成部分。

4.2　抵押物清单对抵押物价值的约定，不作为抵押权人处分该抵押物时的估价依据，不对抵押权人行使抵押权构成任何限制。抵押物的最终价值以抵押权实现时实际处理抵押物的净收入为准。

第五条　抵押权的效力

本合同项下抵押权的效力及于抵押物的从物、从权利、代位权、附合物、混合物、加工物、孳息以及因抵押物毁损、灭失或被征收、征用而产生的保险金、赔偿金、补偿金等。

第六条　抵押登记

6.1　本合同项下抵押物依法必须办理抵押登记的，抵押人应当自本合同签订之日起 7 日内与抵押权人共同到有关部门办理抵押登记。

6.2　抵押登记的事项发生变化，依法需要进行变更登记的，抵押人应当自登记事项变更之日起 7 日内与抵押权人共同到有关部门办理变更登记手续。

第七条　抵押物的占管

7.1　本合同项下抵押物的其他项权利证书、抵押登记文件的正本原件及与抵押物有关的其他材料经抵押人、抵押权人双方确认后交抵押权人保管。抵押权人应当妥善保管抵押物权属凭证，若保管不善，造成抵押物权属凭证灭失的，抵押权人应当承担补办费用。

7.2　抵押人应当妥善保管抵押物，保持抵押物完好无损，并随时接受抵押权人的监督检查。

7.3　未经抵押权人书面同意，抵押人不得采取赠与、转让、出租、再抵押、质押或以其他任何方式处分本合同项下的抵押物。经抵押权人书面同意，抵押人处置抵押物所得的价款应当优先用于清偿所担保的主合同项下的债权，或存入抵押权人指定账户，以继续担保主合同项下债务的履行。

7.4　抵押物发生毁损、灭失的，抵押人应当及时采取有效措施防止损失扩大，同时立即通知抵押权人，抵押人由此获得的保险金、赔偿金等应当优先用于清偿所担保的主合同项下的债权，或存入抵押权人指定账户，以继续担保主合同项下债务的履行。

7.5　抵押物价值发生减少时，抵押人应当恢复抵押物的价值或提供经抵押权人认可的与减少价值相当的担保。抵押人拒绝恢复或不提供担保的，抵押权人可以提前行使抵押权。提前行使抵押权后仍有损失的，抵押人应当承担赔偿责任。如抵押人因抵押物价值减少获得赔偿，抵押人应当在所获赔偿范围内向抵押权人提供担保。抵押物价值未减少的部分，仍作为主合同项下债权的担保。

7.6　因公共利益需要征收或因抢险、救灾等紧急情况需要征用本合同项下抵押物时，抵押人应当以所获得的征收、征用补偿费用提前清偿所担保的主合同项下的债权，或存入抵押权人指定账户，以继续担保主合同项下债务的履行。如获得补偿的方式为土地置换，抵押人应当以所获得的置换土地等其他财产继续为该笔贷款提供担保，并及时办理抵押登记，担保价值不足的，不足部分应另行足额提供担保。

第八条　抵押物的保险

8.1　抵押权人认为需要并能够办理财产保险的抵押物，抵押人应当于本合同签订之日起15日内，按抵押权人要求的险种、投保金额，到有关保险机构办理以抵押权人为第一顺位保险金请求权人的抵押物财产保险。保险期限应当不短于主合同约定的债务履行期，保险金额应当不低于主合同项下的债务本息。

8.2　抵押人应当将抵押物的保险单据原件交抵押权人保管，保险单中不应有任何限制抵押权人权益的条款。

8.3　在本合同有效期内，抵押人不得以任何理由中断或撤销保险。如保险中断，抵押权人有权代为办理保险手续，一切费用由抵押人承担。

8.4　在本合同有效期内，抵押物如发生保险事故，保险赔偿金优先用于偿还主合同项下的债务，或存入抵押权人指定的账户，或经抵押权人同意用于恢复抵押物的价值，以继续担保主合同项下债务的履行。

第九条　抵押权的实现

9.1　主合同约定的债务履行期届满，债务人未履行偿付债务本息及其他费用义务的，抵押权人可与抵押人协商，依法拍卖、变卖抵押物，并从所得价款优先受偿，或将抵押物折价抵偿主合同项下的债务。双方未就抵押权实现方式达成一致的，抵押权人可以直接请求人民法院拍卖、变卖抵押财产。

9.2　抵押权人依照主合同约定或国家法律、法规规定解除主合同，或抵押权人依据主合同约定提前收回主债权时，抵押权人可与抵押人协商，依法拍卖、变卖抵押物，并从所得价款优先受偿，或将抵押物折价抵偿主合同项下的债务。双方未就抵押权实现方式达成一致的，抵押权人可以直接请求人民法院拍卖、变卖抵押财产。

9.3　处分本合同项下抵押物所得价款超过债务本息及其他一切相关费用的部分，归抵押人所有。

9.4　抵押权人依本合同处分抵押物时，抵押人应当予以配合，不得设置任何障碍。

第十条　抵押人声明与承诺

10.1　抵押人知悉并同意主合同的全部条款，为债务人提供抵押担保完全出于自愿，在本合同项下的全部意思表示真实。

10.2　抵押人是本合同项下抵押物的完全的、有效的、合法的所有者或国家授权的经营管理者，抵押物不存在所有权或经营管理权方面的争议，抵押物不属于共有财产，或虽属于共有财产但已就抵押事项征得共有人书面同意，依法可以设定抵押，不会受到任何限制，不存在被查封、扣押、被监管、拖欠税款、拖欠工程款等其他影响抵押权人实现抵押权的情形。抵押物没有出租，或虽已部分或全部出租，但已将设立抵押事宜告知承租人，并已提供承租人承诺抵押权人行使抵押权时无偿解除租赁的书面文件，并将有关出租情况书面告知抵押权人。

10.3　抵押人发生下列事项时，应当书面通知抵押权人：

10.3.1　经营机制发生变化，包括但不限于实行承包、租赁、联营、合并、分立、股份制改造、与外商合资合作，或经营范围与注册资本变更、股权变动等，抵押人应当提前30日通知抵押权人。

10.3.2　涉及重大经济纠纷，或抵押物发生权属争议或被采取保全措施，或歇业、申请或被申请破产、解散、被停业整顿、被吊销营业执照、被撤销，或住所、电话、法定代表人等发生变更，抵押人应当于事项发生之日起5日内通知抵押权人。

10.3.3　以土地使用权作为抵押后改变土地用途的，抵押人应当提前30日通知抵押权人。

10.4　在本合同有效期内，抵押人发生本条第10.3款所列事件或其他事件时，继续承担本合同项下的担保责任。

10.5　在本合同有效期内，抵押权人依法转让主合同项下债权的，抵押人仍在原抵押担保范围内继续承担担保责任。

10.6　当债务人未履行债务时，无论抵押权人对主合同项下的债权是否拥有其他担保，抵押权人均有权直接要求抵押人在其担保范围内承担担保责任。

10.7 未经抵押权人书面同意，抵押人不将抵押物再设立任何形式的抵押、质押，也不将抵押物出租、转让、馈赠给任何第三人，并保护抵押物不受任何侵害。在抵押权受到或可能受到来自任何第三人的侵害时，抵押人应当及时通知并协助抵押权人避免抵押权遭受侵害。

10.8 抵押权人与债务人协议变更主合同，除增加主债权金额之外，无须经抵押人同意，抵押人仍在本合同约定的担保范围内承担担保责任。

10.9 抵押人承担本合同项下的有关费用，包括但不限于律师服务、鉴定、公证、估价、登记、过户、保管、诉讼费用等，但相关法律法规另有规定的除外。

第十一条 违约责任

11.1 本合同生效后，抵押人、抵押权人双方均应当履行本合同约定的义务，任何一方不履行或不完全履行本合同约定的义务，应当承担相应的违约责任，并赔偿由此给对方造成的损失。

11.2 抵押人在本合同第十条中作虚假声明，或不履行本合同第十条所作出的承诺，或未经抵押权人书面同意擅自处理抵押物，或违反本合同约定拒绝或拖延办理抵押物保险或抵押登记，或其他违反本合同约定影响抵押权人实现抵押权的行为，给抵押权人造成经济损失的，应当承担全部赔偿责任。

11.3 非因抵押权人的过错而导致本合同无效的，抵押人应当在本合同约定的抵押担保范围内赔偿抵押权人全部损失。

第十二条 合同的生效、变更和解除

12.1 本合同自抵押人、抵押权人双方签字并加盖公章之日起

生效。依法或依本合同约定需要办理抵押登记的，抵押权自登记之日起设立。

12.2 本合同任何条款的无效或不可执行，不影响其他条款的有效性和可执行性，也不影响整个合同的效力。

12.3 本合同生效后，除本合同约定外，抵押人、抵押权人双方任何一方均不得擅自变更或解除本合同。如需变更或解除本合同，均应当书面通知对方，并经双方协商一致，达成书面协议。

第十三条 争议的解决

13.1 本合同履行中发生争议，可由抵押人、抵押权人双方协商解决；协商解决不成的，采用下列第13.1.1项方式解决：

13.1.1 向抵押权人所在地人民法院起诉。

13.1.2 提交______仲裁委员会仲裁（仲裁地点为______），按照申请仲裁时该会现行有效的仲裁规则进行仲裁。

13.2 在诉讼或仲裁期间，本合同不涉及争议部分的条款仍须履行。

第十四条 双方约定的其他事项

14.1______________________________。

14.2______________________________。

第十五条 附则

15.1 除本合同另有约定外，借款人、贷款人之间的任何文本、通知、法律文书均应当以书面形式作出，通过专人递送、预付邮资的挂号信（附回执）、特快专递或传真方式送达至本合同首部所列明的各方地址。因一方变更前述通讯地址而未及时通知对方，造成文本、通知、法律文书等文件无法送达的，由此造成的损失由变更方负责。

15.2 本合同附件是本合同不可分割的组成部分，与本合同正文具有同等法律效力。

15.3　本合同一式五份，债务人一份，抵押人两份、抵押权人一份、抵押登记部门一份，均具有同等法律效力。

第十六条　特别提示

抵押权人已提请抵押人注意对本合同各条款的含义及其法律后果作全面、准确的理解，并应抵押人的要求做了相应的条款说明。双方对本合同各条款的理解不存在异议。

——————*以下为签章部分，无合同正文内容*——————

抵押人（公章）：

法定代表人（主要负责人）：

抵押权人（公章）：

法定代表人（主要负责人）：

签订时间：　　年　　月　　日

下列抵押物已经抵押人和抵押权人核实无误，作为本合同附件。

附件一

不动产抵押清单

<table>
<tr><td>抵押物名称</td><td></td><td>处所</td><td colspan="2"></td></tr>
<tr><td>所有权（或使用权）共有人</td><td colspan="4"></td></tr>
<tr><td>抵押物状况</td><td colspan="4"></td></tr>
<tr><td>建筑面积</td><td></td><td>性能用途</td><td colspan="2"></td></tr>
<tr><td>土地使用权面积</td><td></td><td>土地有权使用年限</td><td colspan="2"></td></tr>
<tr><td>土地四至</td><td></td><td rowspan="2">权属证明、编号及核发单位</td><td>房产</td><td></td></tr>
<tr><td>原　　值</td><td></td><td>地产</td><td></td></tr>
<tr><td>评估价值</td><td></td><td>评估单位</td><td colspan="2"></td></tr>
<tr><td>是否已出租</td><td></td><td>已设定抵押情况</td><td colspan="2"></td></tr>
<tr><td>土地使用权取得方式</td><td></td><td>保险单号码及起止日期</td><td colspan="2"></td></tr>
<tr><td colspan="2">抵押人（公章）：

年　　月　　日</td><td colspan="3">抵押权人（公章）：

法定代表人（主要负责人）
或授权代理人：
年　　月　　日</td></tr>
</table>

附件二

动产抵押物清单

抵押物名称	规格型号	数量及单位	质量及状况	处所（存放、保管、使用单位）	权属证明编号签发单位	原值	评估价值	共有人	已设定抵押情况	保险单		备注
										号码	起止日期	

范例9:

保证合同

（合同编号:________）

保证人:________________________________

法定代表人(主要负责人):________________

住所(地址):____________________________

邮政编码:______________________________

基本存款账户开户行及账号:______________

开户行及账户:__________________________

保证人:________________________________

身份证号码:____________________________

住所(地址):____________________________

邮政编码:______________________________

工作单位:______________________________

手机号码:______________________________

债权人(全称):__________________________

法定代表人:____________________________

住所(地址):____________________________

邮政编码:______________________________

联系电话及传真:________________________

为了确保____(以下简称债务人)与债权人于____年____月____日签订的编号为__________《__________合同》(以下简称主合同)项下债务人的义务得到切实履行,保障债权人债权的实现,保证人愿意向债权人提供保证担保。为明确各方的权利、义务,根据《合同法》《担保法》及其他有关法律、法规的规定,各方在平等自愿、协商一致的基础上订立本合同,以约束双方共同信守。

第一条　被保证的主债权

本合同所担保的主债权为债权人在主合同项下按照合同约定所享有的债权,债权数额为人民币____万元(大写:________万元整)。

第二条　保证期间

2.1　本合同项下保证期间为主合同约定的债务履行期届满之次日起两年。

2.2　若发生法律、法规规定或主合同约定的事项,债权人提前追偿主债权的,保证期间为自债权人向债务人或保证人发出通知确定的到期日之次日起两年。

第三条　保证方式

本合同采用连带责任保证方式。

第四条　保证担保范围

本合同项下保证担保的范围包括:主合同项下的主债权本金、利息、违约金、损害赔偿金、债权人实现债权的费用以及所有其他应付费用,包括但不限于诉讼费、仲裁费、财产保全费、评估费、拍卖费、执行费、代理费等。

第五条　保证人声明与承诺

5.1　保证人具有完全民事权利能力和完全民事行为能力,依据国家有关法律、法规,具有保证人主体资格,可以对外提供保证担保。

5.2 保证人有合法的财产和收入来源，有足够的能力承担保证责任，且不因任何指令、财力状况的改变、与任何单位和个人签订的任何协议而减轻或免除所承担的保证责任。

5.3 保证人知悉并同意主合同的全部条款，为债务人提供保证担保完全出于自愿，在本合同项下的全部意思表示真实。

5.4 债务人未按主合同约定履行偿付债务本金和其他费用的义务，保证人按照本合同约定承担连带保证责任。

5.5 债权人依据主合同约定或法律、法规规定解除主合同，或依据主合同约定提前追偿主债权时，有权要求保证人提前承担保证责任，保证人应当在履行担保责任通知书送达之日起5个工作日内履行连带保证责任。

5.6 保证人作为控股股东或实际控制人的企业发生下列事项时，保证人应当提前30日书面通知债权人：

5.6.1 经营机制发生变化，包括但不限于实行承包、租赁、联营、合并（兼并）、分立、股份制改造、与外商合资合作、资产和债权转让、对外投资、实质性增加债务融资以及其他可能对债权人权益造成不利影响的情形等；

5.6.2 经营范围和注册资金发生变更、股权变动；

5.6.3 为第三人债务提供保证担保或以其财产为自身或第三人债务设定抵押、质押担保。

5.7 保证人作为控股股东或实际控制人的企业发生下列事项时，保证人应当于事项发生之日起5日内书面通知债权人：

5.7.1 企业发生隶属关系变更、公司章程修改、组织结构调整等；

5.7.2 企业歇业、申请或被申请破产、解散、被停业整顿、注销登记、被吊销营业执照、被撤销等；

5.7.3　企业财务状况恶化、生产经营发生严重困难或涉及重大经济纠纷。

5.8　债权人与债务人协议变更主合同的，无须经保证人同意，保证人仍在原保证担保范围内承担连带保证责任。

5.9　在本合同有效期内，债权人将主债权转让给第三人的，保证人仍在原保证担保范围内继续承担连带保证责任。

5.10　在本合同有效期内，未经债权人书面许可，保证人不得再向第三人提供抵押、质押、保证等任何形式的担保。

5.11　当债务人未履行债务时，无论债权人对主合同项下的债权是否拥有其他担保，债权人均有权直接要求保证人承担担保责任。

第六条　违约责任

6.1　本合同生效后，保证人应当履行本合同约定的义务，不履行或不完全履行本合同约定义务，应当承担相应的违约责任，并赔偿由此给债权人造成的损失。

6.2　保证人在本合同第五条中作虚假声明，或不履行本合同第五条所作出的承诺，或其他违反本合同约定，给债权人造成经济损失的，应当承担全部赔偿责任。

6.3　非因债权人过错而导致本合同无效的，保证人应当在本合同约定的保证担保范围内赔偿债权人全部损失。

第七条　合同的生效、变更和解除

7.1　本合同自保证人、债权人签字并加盖公章之日起生效。

7.2　本合同生效后，除本合同约定外，保证人、债权人双方任何一方均不得擅自变更或解除本合同，如需变更或解除本合同，均应当书面通知对方，并经双方协商一致，达成书面协议。

7.3　本合同任何条款的无效或不可执行，不影响其他条款的有效性和可执行性，也不影响整个合同的效力。

7.4　本合同独立于主合同，不因主合同的无效而无效。如主合同无效，则保证人对于债务人因归还主债权本息和赔偿损失而形成的债务承担连带清偿责任。

第八条　争议的解决

8.1　本合同履行中发生争议，可由保证人、债权人双方协商解决；协商解决不成的，采用下列第8.1.1项方式解决：

8.1.1　向债权人所在地人民法院起诉。

8.1.2　提交______仲裁委员会（仲裁地点为____________），按照申请仲裁时该会现行有效的仲裁规则进行仲裁。

8.2　在诉讼或仲裁期间，本合同不涉及争议部分的条款仍须履行。

第九条　双方约定的其他事项

9.1　担保人对债权人承担的担保责任不因其他担保的存在而免除或减少，也不因债务的部分履行而同比例免除或减少。

第十条　附则

10.1　除本合同另有约定外，保证人、债权人之间的任何文本、通知、法律文书均应当以书面形式作出，通过专人递送、预付邮资的挂号信（附回执）、特快专递或传真方式送达至本合同首部所列明的各方地址。因一方变更前述通讯地址而未及时通知对方，造成文本、通知、法律文书等文件无法送达的，由此造成的损失由变更方负责。

10.2　本合同一式六份，保证人四份、债权人两份，均具有同等法律效力。

第十一条　特别提示

债权人已提请保证人注意对本合同各条款的含义及其法律后

果作全面、准确的理解，并应保证人的要求做了相应的条款说明。双方对本合同各条款的理解不存在异议。

（以下无正文，为本合同签署页）

保证人或授权代理人：

保证人或授权代理人：

债权人（全称）：

法定代表人（主要负责人）：

第四章

产业扶贫的行政行为风险防范

导读　在依法行政成为依法治国基本方略重要内容的背景下，产业扶贫工作中存在不同程度的行政风险。

本章重点介绍产业扶贫的行政监管措施、管理相对人的法律责任、公职人员的法律责任等内容。

第一节　行政调控的重要措施

一、大力发展乡村产业

（一）深化农村集体产权制度改革

推动资源变资产、资金变股金、农民变股东，发展多种形式的股份合作，拓展农民对乡村产业股份的占有、收益、有偿退出及抵押、担保、继承等权能。鼓励经济实力强的乡村产业辐射带动周边集体经济共同发展。

（二）壮大乡村产业经营主体

实施乡村产业经营主体培育工程，鼓励多种形式开展适度规模经营。培育发展家庭农场，提升农民专业合作社规范化水平。鼓励社会资本到农村投资适合产业化、规模化经营的乡村产业，与当地农户形成互惠共赢的产业共同体。建立新型经营主体支持政策体系和信用评价体系，落实财政、税收、土地、信贷、保险等支持政策，扩大乡村产业经营主体承担涉农项目规模。

（三）培育和提升乡村产业品牌

实施乡村产业品牌提升行动，形成以区域公用品牌、企业品牌、大宗农产品品牌、特色农产品品牌为核心的品牌格局。推进区域农产品公共品牌建设，引入现代要素改造提升传统名优品牌。做好品牌宣传推介，借助农产品博览会、展销会等渠道，充分利用电商、“互联网+”等新兴手段，加强品牌市场营销。加强农产品商标及地理标志商标的注册和保护，打击各种冒用、滥用公用品牌行为，建立区域公用品牌的授权使用机制以及品牌危机预警、风险规避和紧急事件应对机制。

（四）增强乡村产业国际竞争力。

加强与“一带一路”沿线国家合作，扩大高附加值农产品出口。建立乡村产业对外合作公共信息服务平台和信用评价体系。放宽乡村产业外资准入，促进引资引技引智相结合，培育一批具有国际竞争力的乡村产业集团。

二、推动乡村产业深度融合

（一）发掘新功能新价值

打造乡村产业融合发展新载体新模式，推动要素跨界配置和产业有机融合，促进乡村产业在农村一二三产业融合发展中同步升级、同步增值、同步受益。推动乡村资源全域化整合、多元化增值，增强特色产品竞争力，形成新的消费热点，增加乡村生态产品和服务供给。支持农产品生产加工、综合利用关键技术研究与示范，推动初加工、精深加工、综合利用加工和主食加工协调发展，实现农产品多层次、多环节转化增值。

（二）培育乡村产业新业态

深入实施电子商务进农村综合示范，建设具有广泛性的农村电子商务发展基础设施，建立健全适应农产品电商发展的标准体系。加强农商互联，密切产销衔接，发展农超、农社、农企、农校等产销对接的新型流通业态。实施休闲农业和乡村旅游精品工程，发展乡村共享经济等新业态。

（三）打造乡村产业新载体新模式

依托现代农业产业园区、农业科技园区、农产品加工园区、产业融合发展示范园区等，打造乡村产业融合发展平台载体。加快培育农商产业联盟、农业产业化联合体等新型产业链主体，打造一批产加销一体的全产业链企业集群。支持建设“农字号”特色小镇，推动乡村产业发展与新型城镇化相结合。

三、加强乡村产业科技支撑

（一）提升乡村产业科技创新水平

培育符合乡村产业发展要求的创新主体。加强种业创新、现代食品、农机装备、农业污染防治、农村环境整治等方面的科研工作。深化农业科技体制改革，改进科研项目评审、人才评价和机构评估工作，建立差别化评价制度。深入实施现代种业提升工程，培育具有国际竞争力的种业龙头企业。

（二）打造乡村产业科技创新平台

建设国家农业高新技术产业示范区、国家农业科技园区、省级农业科技园区，吸引更多的农业高新技术企业到科技园区落户。支持农业高新技术企业建立高水平研发机构。加强重大共性关键技术和产品研发与应用示范，充分发挥重要公共科技资源优势，整合和完善科技资源共享服务平台。

（三）加快农业科技成果转化应用

鼓励高校、科研院所通过研发合作、技术转让、技术许可、作价投资等多种形式，实现科技成果市场价值。健全省市县三级科技成果转化工作网络，大力发展技术交易市场。健全基层农业技术推广体系，创新公益性农技推广服务方式，支持社会力量参与农技推广，加强农业重大技术协同推广，拓展乡村产业发展的科技支撑作用。

第二节　管理相对人的法律责任

一、产业扶贫的行政监管措施

行政监管措施的载体既体现为有关法律法规，也体现为有关政策或者其他规范性文件。行政监管措施既反映了行政监管重点，也反映了行为风险防范重点。产业扶贫的行政监管措施包含于扶贫开发监管活动过程，包括信息、台账、项目、资金、政策待遇和设施、设备、资产等各环节。国家层面目前尚未制定扶贫开发、产业扶贫方面行政监管的专门法律、行政法规，相应的行政监管措施体现为有关政策或者其他规范性文件。地方层面通过制定农村扶贫开发地方性法规，建立了相应的法治化行政监管措施。

如《新疆维吾尔自治区农村扶贫开发条例》有如下规定：

第十九条　县级以上人民政府扶贫开发机构应当依托国家扶贫开发信息管理系统，建立和完善精准扶贫台账，有关部门应当协助提供精准扶贫所需信息，扶贫对象应当如实提供相关信息，不得隐瞒或者虚报。

扶贫开发管理系统信息安全受法律保护，任何单位或者个人不得泄露、篡改和非法传播、利用。依法查询、利用管理系统信息的，扶贫开发机构应当提供便利。

第四十九条　县级以上人民政府及有关部门应当健全扶贫开发资金和项目管理制度，实行资金和项目到村、到户、到人实名制。

任何单位和个人不得滞留、截留、挪用、挤占或者套取扶贫开发资金和项目。

第五十七条　违反本条例规定，隐瞒或者虚报相关信息，骗取扶贫开发政策待遇的，由有关部门列入失信惩戒名单，取消受助资格；获取经济利益的，依法追回；造成损失的，依法赔偿损失。

套取扶贫开发资金和项目的，由县级以上人民政府取消项目、追回资金；有违法所得的，依法没收违法所得；造成损失的，依法赔偿损失；构成犯罪的，依法追究刑事责任。

第五十八条　违反本条例规定，损毁或者侵占扶贫开发项目设施、设备和资产的，由扶贫开发项目主管部门责令限期改正，造成损失的，依法赔偿损失；构成犯罪的，依法追究刑事责任。

广西、河南、四川、江苏、湖南、青海、河北等省份的同类地方性法规亦有与此相同的规定。

二、管理相对人的法律责任

法律责任具有法律上的强制性，这种强制性是以立法为充分必要条件，并以国家强制力为执行保障的。依法治国、依法执政、依法行政的本质要求是科学立法、严格执法、公正司法、全民守法。实行法治，一方面要坚持执法必严、违法必究，对违法者依法实施法律责任追究，另一方面要坚持有法可依、有法必依，保证没有法律法规规章的明确规定，任何机关或者组织不得以法律的名义对任何单位和个人施加法律责任。

行政管理相对人的法律责任包括行政法律责任、民事法律责任、刑事法律责任。

行政法律责任是指公民、法人或者其他组织违反行政管理方面的法律法规规章的行为所应当承担的法律后果。行政法律责任的承担方式为行政处罚、行政强制。

《行政处罚法》第八条规定："行政处罚的种类：（一）警告；（二）罚款；（三）没收违法所得、没收非法财物；（四）责令停产停业；（五）暂扣或者吊销许可证、暂扣或者吊销执照；（六）行政拘留；（七）法律、行政法规规定的其他行政处罚。"

《行政强制法》第九条规定："行政强制措施的种类：（一）限制公民人身自由；（二）查封场所、设施或者财物；（三）扣押财物；（四）冻结存款、汇款；（五）其他行政强制措施。"

该法第十二条规定的行政强制执行方式为：（一）加处罚款或者滞纳金；（二）划拨存款、汇款；（三）拍卖或者依法处理查封、扣押的场所、设施或者财物；（四）排除妨碍、恢复原状；（五）代履行；（六）其他强制执行方式。

民事法律责任是指公民、法人或者其他组织违反民事法律规范所应当承担的法律后果。

《行政处罚法》第七条规定，公民、法人或者其他组织因违法受到行政处罚，其违法行为对他人造成损害的，应当依法承担民事责任。民事法律责任的承担形式包括财产责任和非财产责任。

《民法总则》第一百七十九条规定："承担民事责任的方式主要有：（一）停止侵害；（二）排除妨碍；（三）消除危险；（四）返还财产；（五）恢复原状；（六）修理、重作、更换；（七）继续履行；（八）赔偿损失；（九）支付违约金；（十）消除影响、恢复名誉；（十一）赔礼道歉。法律规定惩罚性赔偿的，依照其规定。本条规定的承担民事责任的方式，可以单独适用，也可以合并适用。"

刑事法律责任是指公民、法人或者其他组织违反刑事法律规范所应当承担的法律后果。

《行政处罚法》第七条规定，违法行为构成犯罪的，应当依法追究刑事责任，不得以行政处罚代替刑事处罚。该法第二十二条规定，违法行为构成犯罪的，行政机关必须将案件移送司法机关，依法追究刑事责任。

备注：若骗取扶贫开发、产业扶贫政策待遇，或者套取扶贫开发、产业扶贫资金和项目等行为构成刑事犯罪的，应当依照《刑法》及相关规定追究刑事责任。承担刑事法律责任的基本方式为刑罚，包括主刑和附加刑。

《刑法》第三十三条规定的主刑种类为管制、拘役、有期徒刑、无期徒刑、死刑。该法第三十四条规定的附加刑种类为罚金、剥夺政治权利、没收财产。附加刑可以单独适用，也可以与主刑合并适用。刑罚的辅助方式为训诫、责令具结悔过、保安处分等。

三、实施行政监管措施的风险防范

一方面，对于管理相对人而言，行政机关实施的行政监管措施正是管理相对人的行为风险点，而具体监管措施适用的行为规范则构成管理相对人的行为风险防范规则；另一方面，行政机关是否依法、适当实施具体监管措施，既反映了行政监管过程正确适用法律的能力考量重点，也反映了行政执法行为过程的风险防范重点。

（一）关于“隐瞒或者虚报相关信息，骗取扶贫开发、产业扶贫政策待遇”与“套取扶贫开发、产业扶贫资金和项目”

只有保证扶贫开发、产业扶贫相关信息的精准精确，才能保证扶贫开发、产业扶贫政策待遇、资金和项目的精准精确。“隐瞒或者虚报相关信息”，“隐瞒”的特征是明知虚假而故意隐匿、放任之，“虚报”的特征是明知虚假而故意制造、散布之。“隐瞒或者虚报”的目的是“骗取扶贫开发、产业扶贫相关政策待遇”，其主观上具有“隐瞒或者虚报相关信息”的故意，客观上具有“隐瞒或者虚报相关信息”的事实，以致造成“骗取扶贫开发、产业扶贫政策待遇”的结果。“套取扶贫开发、产业扶贫资金和项目”的特征、性质及其构成要件与“骗取扶贫开发、产业扶贫政策待遇”相同。

（二）关于“列入失信惩戒名单，取消受助资格”与“取消项目”

守信与否是品德、人格的外在表现。法治社会同时必然是诚信社会。诚实守信、遵纪守法是社会主义核心价值观的重要内容。《国务院关于印发社会信用体系建设规划纲要（2014—2020）的通知》指出：“加强对失信主体的约束和惩戒。强化行政监管性约束和惩戒。在现有行政处罚措施的基础上，健全失信惩戒制度，建立各行业黑名单制度和市场退出机制。推动各级人民政府在市场监管和公共服务的市场准入、资质认定、行政审批、政策扶持等方面实施信用分类监管，结合监管对象的失信类别和程度，使失信者受到惩戒。”

诚实守信既是道德规范，又是政策规范、法律规范。但是“列入失信惩戒名单”“取消项目”不是行政处罚，而是对失信者采取的惩戒措施。这种“黑名单”“负面清单”性质的失信惩戒措施，不仅在国内得到强力推行，而且在任何法治国家都是普遍运用的。扶贫对象的“受助资格”及其获取的扶贫开发、产业扶贫资金和项目，均是经政府或者有关行政主管部门审批后赋予、给予的，具有行政许可的属性，实践中称为“非行政许可审批事项”。“取消受助资格”“取消项目”是类同撤销行政许可的监督措施，而不是吊销行政许可的行政处罚。

（三）关于“获取经济利益的，依法追回；造成损失的，依法赔偿损失”与“追回资金”

“依法追回”“追回资金”均不是行政处罚，实践中需要根据民事法律规定，追究当事人相应的侵权责任或者违约责任。“造成损失的，依法赔偿损失”，一是财产损失是指直接损失折款，不包括财产间接损失。二是造成设施、设备损毁的，应当修复，不能修复的，折价赔偿。造成财产功能价值降低或者灭失的，经有资质的专业机构评估鉴定，折价赔偿。折价时应计算出原物的价值，原物的新旧市场价以及残存价值。三是修复以就地就近修复为主，恢复原来状态，基本要求是在功能、形态、价值等方面没有过大改变。四是实物赔偿。即经权利人与侵权当事人协商一致，以功能、种类、质量相同或者相近的实物进行赔偿。

（四）关于“损毁或者侵占扶贫开发项目设施、设备和资产”

这是以财产权益为侵害对象的侵权行为。财产侵权包括侵占和损毁，侵占是指行为人不法占有他人财产，损毁是指行为人侵害他人财产权利并造成财产功能价值降低或者灭失。

《民法通则》第一百一十七条规定：“侵占国家的、集体的财产或者他人财产的，应当返还财产，不能返还财产的，应当折价赔偿。损坏国家的、集体的财产或者他人财产的，应当恢复原状或者折价赔偿。受害人因此遭受其他重大损失的，侵害人并应当赔偿损失。”

（五）关于“责令限期改正”与“依法没收违法所得”

《行政处罚法》第八条列举的行政处罚种类没有“责令限期改正”，但《行政处罚法》第二十三条规定行政机关实施行政处罚时应当责令当事人改正或者限期改正违法行为。

据此，“责令限期改正”不是行政处罚，而是关于实施行政处罚的前置程序规定。“没收违法所得”是行政处罚。《行政处罚法》第八条列举的行政处罚分四类，即申诫罚、人身罚、财产罚、行为罚。“没收违法所得”属于财产罚。“依法”即依照《行政处罚法》规定的程序实施行政处罚行为。

（六）关于行政监管和执法主体

立法和行政监管、执法实践均应当根据“谁主管谁负责，谁批准谁监管”的原则，厘清部门法定职责、法定依据、法定程序；明确分工、推进协同、形成合力。县级以上人民政府应当加强组织领导、确定部门责任、规范执法主体、增强行政效能。

第三节　公职人员的法律责任

一、职务行为风险防范的范围和方式

（一）加强对扶贫开发领域公职人员行为的规范和监督，目的在于防范公职人员的违法违纪和职务犯罪行为。产业扶贫工作应当强化风险防范，建立完善奖惩机制，实行正向激励，落实责任追究。

《中共中央　国务院关于打赢脱贫攻坚战的决定》指出，要严格扶贫考核督查问责。大幅度提高减贫指标在贫困县经济社会发展实绩考核指标中的权重，建立扶贫工作责任清单。建立重大涉贫事件的处置、反馈机制，在处置典型事件中发现问题。

《国务院关于印发“十三五”脱贫攻坚规划的通知》规定，建立扶贫工作责任清单，强化执纪问责。落实贫困县约束机制，杜绝政绩工程、形象工程。建立重大涉贫事件处置反馈机制。集中整治和加强预防扶贫领域职务犯罪。

《国务院扶贫开发领导小组关于开展扶贫领域作风问题专项治理的通知》强调，要把作风建设摆在突出位置，以严肃的态度、严格的标准、严明的纪律加强作风建设。要针对扶贫领域存在“四个意识”不强、责任落实不到位、工作措施不精准、工作作风不扎实、形式主义和官僚主义突出、资金管理使用不规范等问题，强化目标导向，强化责任担当，强化问题意识，全面系统清除问题形成根源，标本兼治构建长效机制。建立举报追查制度，组织开展明察暗访，一经举报，追查到底，并建立查实曝光制度，对查实的案件予以曝光。

（二）根据中纪委 2017 年部署，从 2018 年到 2020 年持续开展扶贫领域腐败和作风问题专项治理，坚持无禁区、全覆盖、零容忍，坚持重遏制、强高压、长震慑，促进各级党委、政府以及相关职能部门认真履行脱贫攻坚的重大政治责任，为确保到 2020 年我国现行标准下农村贫困人口实现脱贫提供坚强有力的纪律保障。中纪委强调，专项治理重点是扶贫领域贪污侵占、行贿受贿、虚报冒领、截留挪用、挥霍浪费、吃拿卡要、优亲厚友等突出问题；地方党委、政府履行主体责任不力，态度不坚决、工作不扎实、敷衍应付等问题；相关职能部门履责不力、监管不严、推诿扯皮，不作为、慢作为、乱作为等问题；纪检监察机关履行监督责任不力等问题；形式主义、官僚主义，盲目决策、弄虚作假、搞“数字化”扶贫脱贫等问题。

（三）履行产业扶贫工作职责的公职人员失职渎职，有下列行为之一的，将由其主管部门或者监察机关依法给予处分；造成损失的，依法承担赔偿责任；构成犯罪的，依法追究刑事责任：一是滥用职权、玩忽职守、徇私舞弊的；二是重大决策失误，造成项目、资金投放重大损失，情节严重的；三是滞留、截留、挪用、侵占或者套取扶贫开发、产业扶贫资金的；四是干扰、阻碍扶贫开发、产业扶贫项目实施的；五是弄虚作假、隐瞒实情，规避监督检查的；六是其他渎职失职行为，造成严重不良影响和后果的。

（四）监察机关和检察机关查办涉嫌渎职侵权犯罪案件的重点范围为八类：一是发生在领导机关和领导干部中的滥用职权、失职渎职案件；二是滥用司法权、行政执法权、行政审批权给国家和人民利益造成重大损失的渎职侵权案件；三是严重侵害群众利益、违法强制征地拆迁、破坏社会建设和惠民强民政策实施的渎职侵权案件；四是包庇放纵制售假冒伪劣产品、假冒伪劣食品药品、破坏能源资源和生态环境的渎职侵权案件；五是群体性事件和重大责任事故背后的渎职侵权犯罪案件；六是危害科学发展和政府投资安全、严重不负责任盲目决策造成重大经济损失的渎职案件；七是国家机关工作人员利用职权侵犯公民人身权益和民主权利的犯罪案件；八是国家机关工作人员利用职权为黑恶势力充当“保护伞”的犯罪案件。

二、职务行为风险防范的基本要求

（一）坚持正向激励

一是增强“四个意识”。强化“不忘初心、牢记使命”主题教育，重点加强对基层扶贫干部的学习培训。深入学习贯彻党的十九大关于脱贫攻坚的新部署新要求，帮助培训对象提高认识，着力培育懂扶贫、会帮扶、作风硬的扶贫干部队伍。二是广泛宣传、解读脱贫攻坚政策举措，推广精准扶贫典型做法。三是改进调查研究工作。深入基层、联系群众、解剖麻雀，总结推广经验，发现并解决问题，防止走过场。调研方式要求实，不提前踩点，不弄虚作假。调研活动一律轻车简从。不得为迎接检查制作展板，不得层层陪同。

（二）建立完善奖惩机制

一是完善和强化一把手责任制，把作风专项治理作为落实责任的具体行动，纳入重点工作；二是党政主要负责同志对本地区本部门扶贫开发、产业扶贫工作的重大政策、重大问题要高度重视，结合实际加强政策供给，完善政策措施；三是精准选派干部。选派得力干部负责产业扶贫工作。对成绩突出、群众认可的，表彰激励；对弄虚作假、失职失责的，严肃问责。加强保障支持，确保干部愿意干、善于干、干得好。

（三）落实责任追究

一是完善和加强日常监督机制。有效开展行政系统内部层级常规性暗访监督。二是系统接受权力机关、纪检监察机关、财政审计机关、检察机关和政协、社会团体、媒体等行政系统外部全方位监督。三是把风险防范措施不折不扣落实到产业扶贫工作全过程各环节。四是对扶贫开发、产业扶贫领域作风问题专项治理不安排、不督促、不落实或者发现问题不整改的实行严格问责，强化主体责任和监督责任追究。

三、职务行为风险防范的重要措施

（一）突出风险防范点的基础性和长效性

一是“四个意识”方面。对脱贫攻坚、产业扶贫的重要性艰巨性紧迫性认识是否充足，是否作为重大政治任务进行安排部署；决策部署和政策措施是否有力度，制定配套措施、细化落实方案、推进组织实施是否及时到位；行动是否坚决，是否存在以农村区域发展代替产业扶贫；对产业扶贫目标任务是否把握不准，是否提高标准、人为吊高胃口，或者降低标准，存在产业扶贫数字化、虚假化现象；对产业扶贫谋划是否科学、合理，是否不顾客观条件，层层加码、急躁冒进，或者不愿主动作为，消极观望、拖延等待。

二是责任落实方面。领导责任落实是否到位，主要负责同志研究指导是否不够，履行主体责任和监督责任是否不力，分管负责同志工作是否不深入不扎实，具体负责部门责任是否不明确不落实；对已出台政策措施的实施指导督促是否不够，政策是否停留在纸面上，实施效果是否不明显；对本地区本部门的扶贫工作指导不够，没有形成系统合力；主动作为是否不够，对脱贫攻坚中出现的新问题是否不重视、不解决或者推诿扯皮；派出的干部是否得力，是否存在“挂名走读”等问题，对派出干部是否缺少指导、支持、关心和监督。

三是工作措施方面。扶持措施是否精准，是否做到应扶尽扶，是否存在扶持质量不高问题；政策措施可操作性是否强，是否存在无法落实落地情形；是否存在扶持政策聚焦精准不够、针对性不强、力度不够等问题；是否用一般农业发展代替产业扶贫工作，对产业扶持倾斜不够，或者用行业普惠性政策代替产业扶贫政策。

四是资金管理使用方面。是否对资金和项目监管不严，导致发生贪污浪费、挤占挪用等问题；在资金管理使用过程中失职渎职，导致资金闲置滞留或者造成损失；对统筹整合财政涉农资金用于产业扶贫的支持是否坚决，是否存在软抵制行为；是否未按规定执行资金公开和公示公告制度。

五是工作作风方面。是否存在调查研究不深入实际，指导工作脱离实际，遇到问题不解决的情形；是否存在工作落实走形式，以会议贯彻会议，以文件贯彻文件的情形；是否存在垒大户堆盆景，搞形象工程，或者强迫命令“一刀切”的情形；是否存在不注重激发贫困群众内生动力，导致产业扶贫成果不可持续的情形。

六是从严监督方面。专项督导、专项治理、成效评估是否一团和气，不较真碰硬；督查巡查是否避重就轻，报喜不报忧；是否发现问题隐瞒不报，袒护包庇。

（二）建立主体责任和监督责任追究机制

一是重点治理各级党委、政府是否存在履行主体责任不力，态度不坚决、措施不得力，敷衍应付、阳奉阴违等问题；扶贫主管部门及相关职能部门是否存在履责不力、监管不严、推诿扯皮，不作为、慢作为、乱作为等问题；纪检监察机关是否存在履行监督责任不力等问题。

二是重点治理贪污侵占、行贿受贿、虚报冒领、截留挪用、挥霍浪费、吃拿卡要、优亲厚友、欺压群众等突出问题；在政策执行、项目申报、资格审定、招投标、资金拨付、项目验收等环节违规操作、滥用职权、以权谋私等问题；向产业扶贫项目和资金“动脑筋”“伸黑手”等问题。

三是重点治理在脱贫攻坚工作中搞形式主义、官僚主义，盲目决策、弄虚作假、数字脱贫，项目安排、资金使用、扶持对象、措施到户、脱贫成效不精准以及贫困县、贫困村、贫困户虚假“摘帽”等问题。

四是加强监督检查。一方面将决策部署落实情况作为巡视巡察重要内容，重点发现和治理党的领导弱化、党的建设缺失、全面从严治党不力等突出问题；另一方面将腐败和作风问题作为督导的重要内容，采取“拉网式”“飞行式”“蹲点式”“回头看”等方法开展专项督导。

五是强化对扶贫领域所有公职人员的监察。优先立案调查涉嫌犯罪问题，高度关注涉黑涉恶腐败问题。对失职失责的党委、政府、纪委监委和有关职能部门，坚持“一案双查”，严肃问责。

六是加大作风问题严督实导工作力度。深入走访责任单位和基层群众，以“群众高兴不高兴、满意不满意、答应不答应”作为检验标准，督促责任单位“条条要整改、件件有着落、事事有回音”。

七是确保监督执纪问责精准发力。纪检监察机关要建立扶贫领域监督执纪问责大数据信息平台，将信访举报、督导检查、巡视巡察、执纪监督和审查调查中发现的作风问题线索及时录入信息系统，进行数据化处理，借助科技手段进行信息汇总、分析研判、决策指挥，及时发现苗头性、倾向性问题，为监督执纪提供数据支撑。

（三）增强社会监督参与职务行为风险防范的作用

一是始终坚持和保障人民权力主体地位。公民、法人或者其他组织对公职人员的行为进行批评、举报、投诉，属于宪法和法律赋予的基本权利；有关部门为批评、举报、投诉者公开电话、邮箱等渠道，为社会监督、舆论监督提供便利，属于宪法和法律规定的义务。

《宪法》第四十一条规定：“中华人民共和国公民对于任何国家机关和国家工作人员，有提出批评和建议的权利；对于任何国家机关和国家工作人员的违法失职行为，有向有关国家机关提出申诉、控告或者检举的权利，但是不得捏造或者歪曲事实进行诬告陷害。对于公民的申诉、控告或者检举，有关国家机关必须查清事实，负责处理。任何人不得压制和打击报复。由于国家机关和国家工作人员侵犯公民权利而受到损失的人，有依照法律规定取得赔偿的权利。”

中共中央、国务院印发《法治政府建设实施纲要（2015—2020）》第二十九条规定：“完善社会监督和舆论监督机制。建立对行政机关违法行政行为投诉举报登记制度，畅通举报箱、电子信箱、热线电话等监督渠道，方便群众投诉举报、反映问题，依法及时调查处理违法行政行为。发挥报刊、广播、电视等传统媒体监督作用，加强与互联网等新兴媒体的互动，重视运用和规范网络监督，建立健全网络舆情监测、收集、研判、处置机制，推动网络监督规范化、法治化。”

二是全面提高公职人员法治思维和依法行政能力。牢固树立宪法法律至上、法律面前人人平等、权由法定、权依法使等基本法治理念，将政府职能、法律依据、实施主体、职责权限、管理流程、监督方式等事项以权力清单的形式向社会公开，逐一厘清与行政权力相对应的责任事项、责任主体、责任方式。恪守合法行政、合理行政、程序正当、高效便民、诚实守信、权责统一等依法行政基本要求，做遵法学法守法用法的模范，在法治轨道上推进各项工作。

公职人员对批评、举报、投诉者实施阻止或者打击报复，造成其人身、财产和精神损害的，受害者享有依照有关法律请求赔偿的权利，加害者负有依照有关法律承担赔偿责任的义务。《公务员法》第五十九条规定，公务员应当遵纪守法，不得有“对批评、申诉、控告、检举进行压制或者打击报复”以及“滥用职权，侵害公民、法人或者其他组织的合法权益”的行为。

公职人员不得滥用职权、徇私舞弊、玩忽职守，侵害管理相对人的合法权利。

《刑法》第二百五十四条规定：“国家机关工作人员滥用职权、假公济私，对控告人、申诉人、批评人、举报人实行报复陷害的，处二年以下有期徒刑或者拘役；情节严重的，处二年以上七年以下有期徒刑。”

三是建立职务行为风险防范成效第三方评估机制。引入第三方评估有利于体现专业评估机构的专业优势，使评估结果更加具有专业性、科学性，更加具有公信力。第三方评估的范围不仅应当包括具体行政行为的实施成效及其风险防范评估，而且应当包括抽象行政行为的实施成效及其风险防范评估。前者为末端评估，后者为源头评估，两者应当齐抓并重，形成合力。

要注重督查督导工作与第三方评估的有机结合。督查督导的靶向是公职人员的“执行能力”“落实能力”；第三方评估的靶向是广大群众的“获得感”“满意度”。督查督导“执行能力”“落实能力”的最终目的在于督促法律法规和各项政策全面贯彻落实，广大群众最终受益；而广大群众的“获得感”“满意度”正是衡量公职人员“执行能力”“落实能力”最接地气的标尺。

四、公职人员的法律责任

（一）公职人员的法律责任包括行政法律责任、民事法律责任、刑事法律责任

行政法律责任是指公职人员在执行职务过程的作为或者不作为损害管理相对人合法权益或者国家和社会公共利益所应当承担的法律后果。承担行政法律责任的方式为给予公务员行政处分、行政机关依法履行国家赔偿责任。民事法律责任是指公职人员在执行职务过程造成管理相对人合法权益的损害所应当承担的法律后果。《民法通则》第一百二十一条规定：“国家机关或者国家机关工作人员在执行职务中，侵犯公民、法人的合法权益造成损害的，应当承担民事责任。”刑事法律责任是指公职人员在执行职务过程因实施刑事法律禁止的行为所应当承担的法律后果。

（二）公职人员的行政法律责任分为行政违法责任、行政不当责任、行政侵权责任

行政违法责任是违法行政所应当承担的责任。行政违法分为实体行政违法和程序行政违法。实体行政违法是指行政行为不符合法律规范的实质要件，表现为行政失职、越权行使职权、滥用职权、行政行为的内容明显不当、有失公正等。程序行政违法是指行

政行为不符合法律规范的形式要件，表现为行政行为的作出和实施违反法律规定的步骤和时限，以及表现形式不符合法律规范等。

行政不当责任是不当行政所应当承担的责任。行政不当或者行政失当，是指自由裁量行为虽然合法但不合理。判断行政行为是否合理，一是行政行为的作出是否符合行政目的；二是行政行为是否符合法律价值、客观规律和生活常理；三是是否考虑了正当的因素。行政不当与行政违法有着明显区别。前者侵犯的是行政关系的合理性，后者侵犯的是行政关系的合法性。行政行为违法，必须承担法律责任；行政不当行为只有在法律有明确规定的条件下才承担法律责任，而且一般是补救性法律责任。

行政侵权责任是违法失职行为侵犯行政相对人合法权益，造成其人身、财产、精神上的损害所应当承担的责任。担责方式包括损害赔偿，以及返还财产、恢复原状、赔礼道歉、恢复名誉等。行政侵权责任的构成要件是：侵犯行政相对人合法权益的行政侵权行为；行政相对人在人身、财产或者精神方面受到损害的事实；侵权行为与损害事实之间的因果关系。

行政侵权责任虽然以违法为前提，但它不同于一般的行政违法责任。二者的区别在于：行政违法责任的主要构成是行为违法，至于该行为是否对行政相对人造成损害并不影响责任的成立。而行政侵权责任的主要构成是侵权，不仅要有违法行为，而且要有损害结果。如果没有损害结果的发生或者违法行为与损害结果之间没有因果关系，行政侵权责任则不能成立。

（三）监察机关是行使国家监察职能的专责机关，依法对所有公职人员进行监察，调查职务违法和职务犯罪，开展廉政建设和反腐败工作

监察机关对六类公职人员和有关人员进行监察：一是国家机关

公务员，以及参照《公务员法》管理的人员；二是法律、法规授权或者受国家机关依法委托管理公共事务的组织中从事公务的人员；三是国有企业管理人员；四是公办的教育、科研、文化、医疗卫生、体育等单位中从事管理的人员；五是基层群众性自治组织中从事管理的人员；六是其他依法履行公职的人员。

《监察法》将监察机关行使的监督、调查、处置职责列举为三个方面：一是对公职人员开展廉政教育，对其依法履职、秉公用权、廉洁从政从业以及道德操守情况进行监督检查；二是对涉嫌贪污贿赂、滥用职权、玩忽职守、权力寻租、利益输送、徇私舞弊以及浪费国家资财等职务违法和职务犯罪进行调查；三是对违法的公职人员依法作出政务处分决定，对履行职责不力、失职失责的领导人员进行问责，对涉嫌职务犯罪的，将调查结果移送人民检察院依法审查、提起公诉，向监察对象所在单位提出监察建议。

（四）《公务员法》规定了公务员的八项法定义务

一是忠于宪法，模范遵守，自觉维护宪法和法律，自觉接受中国共产党领导；二是忠于国家，维护国家的安全、荣誉和利益；三是忠于人民，全心全意为人民服务，接受人民监督；四是忠于职守，勤勉尽责，服从和执行上级依法作出的决定和命令，按照规定的权限和程序履行职责，努力提高工作质量和效率；五是保守国家秘密和工作秘密；六是带头践行社会主义核心价值观，坚守法治，遵守纪律，恪守职业道德，模范遵守社会公德、家庭美德；七是清正廉洁，公道正派；八是法律规定的其他义务。

《公务员法》规定公务员不得实施的行为中，包括不担当，不作为，玩忽职守，贻误工作；拒绝执行上级依法作出的决定和命令；弄虚作假，误导、欺骗领导和公众；贪污贿赂，利用职务之便为自己或者他人谋取私利；违反财经纪律，浪费国家资财；滥用职权，侵害公民、法人或者其他组织的合法权益；违反职业道德、社会公德和家庭美德等。

（五）《国务院行政机关公务员处分条例》规定

公务员处分的种类为警告、记过、记大过、降级、撤职、开除。根据《公务员法》第八十八条的规定，具有年度考核连续两年被确定为不称职；不胜任现职工作，又不接受其他安排；因所在机关调整、撤销、合并或者缩减编制员额需要调整工作，本人拒绝合理安排；不履行公务员义务，不遵守公务员纪律，经教育仍无转变，不适合继续在机关工作，又不宜给予开除处分；旷工或者因公外出、请假期满无正当理由逾期不归连续超过十五天，或者一年内累计超过三十天等情形之一的，予以辞退。

（六）公务员受处分的期间

根据《行政机关公务员处分条例》的规定，公务员受处分的期间为警告 6 个月；记过 12 个月；记大过 18 个月；降级、撤职 24 个月。弄虚作假，误导、欺骗领导和公众的，给予警告、记过或者记大过处分；情节较重的，给予降级或者撤职处分；情节严重的，给予开除处分。

有贪污、索贿、受贿、行贿、介绍贿赂、挪用公款、利用职务之便为自己或者他人谋取私利、巨额财产来源不明等违反廉政纪律的，给予记过或者记大过处分；情节较重的，给予降级或者撤职处分；情节严重的，给予开除处分。

违反财经纪律，挥霍浪费国家资财的，给予警告处分；情节较重的，给予记过或者记大过处分；情节严重的，给予降级或者撤职处分。

严重违反公务员职业道德，工作作风懈怠、工作态度恶劣，造成不良影响的，给予警告、记过或者记大过处分。

具有隐匿、伪造、销毁证据；在 2 人以上共同违法违纪行为中起主要作用；串供或者阻止他人揭发检举、提供证据材料；包庇同案人员等情形之一的，从重处分。

公务员在受处分期间不得晋升职务和级别，其中受记过、记大过、降级、撤职处分的，不得晋升工资档次；受撤职处分的，降低级别。受开除处分的，解除其与单位的人事关系，不得再担任公务员职务。违法违纪涉嫌犯罪的，移送司法机关依法追究刑事责任。

五、公职人员法律责任的适用

（一）关于“滥用职权、玩忽职守、徇私舞弊”的认定

滥用职权是指公职人员没有法定职权，或者超越法定职权范围行使职权，或者不适当地使用职权的行为。玩忽职守是指公职人员严重不负责任，不履行或者不正确履行职责的行为。徇私舞弊是指公职人员贪图钱财、袒护亲友、照顾关系，或者为其他私情私利而使用职权的行为。刑法分则及《刑法修正案（四）》将滥用职权、玩忽职守、徇私舞弊归为三类犯罪。《最高人民法院、最高人民检察院关于办理渎职刑事案件适用法律若干问题的解释（一）》将其归为渎职罪、玩忽职守罪，同时构成受贿罪的，以渎职犯罪和受贿罪数罪并罚。

（二）关于“滞留、截留、挪用、侵占或者套取专项资金”的认定

扶贫开发、产业扶贫资金是专项资金，应当专户存储、专款专用，保证资金到项目、管理到项目、核算到项目、责任到项目。根据《刑法》规定，对于侵占、挪用扶贫开发、产业扶贫专项资金的，涉嫌构成职务侵占罪、挪用资金罪。

截留、滞留或者套取扶贫开发、产业扶贫专项资金，在本质上属于挪用、侵占或者擅自改变专项资金用途，涉嫌构成职务侵占

罪、挪用公款罪。

（三）关于“干扰、阻碍项目实施”的认定

其主观上具有扰乱、妨碍扶贫开发、产业扶贫项目实施的过错（故意或者过失），客观上具有阻滞项目实施的事实，以致造成损害项目实施，破坏扶贫开发、产业扶贫工作秩序的结果。

（四）关于“弄虚作假、隐瞒实情，规避监督检查”的认定

弄虚作假、隐瞒实情的实质是欺骗。弄虚作假的特征是明知虚假而故意制造、散布之，隐瞒实情的特征是明知虚假而故意隐匿、放任之。规避监督检查的特征是以虚假、不实的信息和资料等，制造假象或者隐匿真相，实质是蒙蔽监督检查人员，逃避监督检查工作。

（五）关于“应当承担法律责任的其他行为”的认定

这属于制度建设层面的兜底条款，并在行政执法监督、行政复议和诉讼实践中普遍存在。适用兜底条款的风险防范应当注重三个充分必要节点，一是“其他行为”须为有关法律法规相对应调整的行为；非有关法律法规相对应调整的行为，不适用兜底条款。二是“其他行为”须为有关法律法规明确了相对应的担责方式、种类的行为；非有关法律法规明确了相对应的担责方式、种类的行为，不适用兜底条款。三是适用兜底条款既包括行政法律责任，也包括民事、刑事法律责任；既要依照实体规范，也要依照程序规范。

附　录

《中共中央　国务院关于打赢脱贫攻坚战的决定》

确保到2020年农村贫困人口实现脱贫，是全面建成小康社会最艰巨的任务。现就打赢脱贫攻坚战作出如下决定。

一、增强打赢脱贫攻坚战的使命感紧迫感

消除贫困、改善民生、逐步实现共同富裕，是社会主义的本质要求，是我们党的重要使命。改革开放以来，我们实施大规模扶贫开发，使7亿农村贫困人口摆脱贫困，取得了举世瞩目的伟大成就，谱写了人类反贫困历史上的辉煌篇章。党的十八大以来，我们把扶贫开发工作纳入"四个全面"战略布局，作为实现第一个百年奋斗目标的重点工作，摆在更加突出的位置，大力实施精准扶贫，不断丰富和拓展中国特色扶贫开发道路，不断开创扶贫开发事业新局面。

我国扶贫开发已进入啃硬骨头、攻坚拔寨的冲刺期。中西部一些省（自治区、直辖市）贫困人口规模依然较大，剩下的贫困人口贫困程度较深，减贫成本更高，脱贫难度更大。实现到2020年让7000多万农村贫困人口摆脱贫困的既定目标，时间十分紧迫、任务相当繁重。必须在现有基础上不断创新扶贫开发思路和办法，坚决打赢这场攻坚战。

扶贫开发事关全面建成小康社会，事关人民福祉，事关巩固党

的执政基础，事关国家长治久安，事关我国国际形象。打赢脱贫攻坚战，是促进全体人民共享改革发展成果、实现共同富裕的重大举措，是体现中国特色社会主义制度优越性的重要标志，也是经济发展新常态下扩大国内需求、促进经济增长的重要途径。各级党委和政府必须把扶贫开发工作作为重大政治任务来抓，切实增强责任感、使命感和紧迫感，切实解决好思想认识不到位、体制机制不健全、工作措施不落实等突出问题，不辱使命、勇于担当，只争朝夕、真抓实干，加快补齐全面建成小康社会中的这块突出短板，决不让一个地区、一个民族掉队，实现《中共中央关于制定国民经济和社会发展第十三个五年规划的建议》确定的脱贫攻坚目标。

二、打赢脱贫攻坚战的总体要求

（一）指导思想

全面贯彻落实党的十八大和十八届二中、三中、四中、五中全会精神，以邓小平理论、“三个代表”重要思想、科学发展观为指导，深入贯彻习近平总书记系列重要讲话精神，围绕“四个全面”战略布局，牢固树立并切实贯彻创新、协调、绿色、开放、共享的发展理念，充分发挥政治优势和制度优势，把精准扶贫、精准脱贫作为基本方略，坚持扶贫开发与经济社会发展相互促进，坚持精准帮扶与集中连片特殊困难地区开发紧密结合，坚持扶贫开发与生态保护并重，坚持扶贫开发与社会保障有效衔接，咬定青山不放松，采取超常规举措，拿出过硬办法，举全党全社会之力，坚决打赢脱贫攻坚战。

（二）总体目标

到 2020 年，稳定实现农村贫困人口不愁吃、不愁穿，义务教育、基本医疗和住房安全有保障。实现贫困地区农民人均可支配收入增长幅度高于全国平均水平，基本公共服务主要领域指标接近全国平均水平。确保我国现行标准下农村贫困人口实现脱贫，贫困县全部摘帽，解决区域性整体贫困。

（三）基本原则

——坚持党的领导，夯实组织基础。充分发挥各级党委总揽全局、协调各方的领导核心作用，严格执行脱贫攻坚一把手负责制，省市县乡村五级书记一起抓。切实加强贫困地区农村基层党组织建设，使其成为带领群众脱贫致富的坚强战斗堡垒。

——坚持政府主导，增强社会合力。强化政府责任，引领市场、社会协同发力，鼓励先富帮后富，构建专项扶贫、行业扶贫、社会扶贫互为补充的大扶贫格局。

——坚持精准扶贫，提高扶贫成效。扶贫开发贵在精准，重在精准，必须解决好扶持谁、谁来扶、怎么扶的问题，做到扶真贫、真扶贫、真脱贫，切实提高扶贫成果可持续性，让贫困人口有更多的获得感。

——坚持保护生态，实现绿色发展。牢固树立绿水青山就是金山银山的理念，把生态保护放在优先位置，扶贫开发不能以牺牲生态为代价，探索生态脱贫新路子，让贫困人口从生态建设与修复中得到更多实惠。

——坚持群众主体，激发内生动力。继续推进开发式扶贫，处理好国家、社会帮扶和自身努力的关系，发扬自力更生、艰苦奋斗、勤劳致富精神，充分调动贫困地区干部群众积极性和创造性，注重扶贫先扶智，增强贫困人口自我发展能力。

——坚持因地制宜，创新体制机制。突出问题导向，创新扶贫开发路径，由“大水漫灌”向“精准滴灌”转变；创新扶贫资源使用方式，由多头分散向统筹集中转变；创新扶贫开发模式，由偏重

"输血"向注重"造血"转变；创新扶贫考评体系，由侧重考核地区生产总值向主要考核脱贫成效转变。

三、实施精准扶贫方略，加快贫困人口精准脱贫

（四）健全精准扶贫工作机制。抓好精准识别、建档立卡这个关键环节，为打赢脱贫攻坚战打好基础，为推进城乡发展一体化、逐步实现基本公共服务均等化创造条件。按照扶持对象精准、项目安排精准、资金使用精准、措施到户精准、因村派人精准、脱贫成效精准的要求，使建档立卡贫困人口中有5000万人左右通过产业扶持、转移就业、易地搬迁、教育支持、医疗救助等措施实现脱贫，其余完全或部分丧失劳动能力的贫困人口实行社保政策兜底脱贫。对建档立卡贫困村、贫困户和贫困人口定期进行全面核查，建立精准扶贫台账，实行有进有出的动态管理。根据致贫原因和脱贫需求，对贫困人口实行分类扶持。建立贫困户脱贫认定机制，对已经脱贫的农户，在一定时期内让其继续享受扶贫相关政策，避免出现边脱贫、边返贫现象，切实做到应进则进、应扶则扶。抓紧制定严格、规范、透明的国家扶贫开发工作重点县退出标准、程序、核查办法。重点县退出，由县提出申请，市（地）初审，省级审定，报国务院扶贫开发领导小组备案。重点县退出后，在攻坚期内国家原有扶贫政策保持不变，抓紧制定攻坚期后国家帮扶政策。加强对扶贫工作绩效的社会监督，开展贫困地区群众扶贫满意度调查，建立对扶贫政策落实情况和扶贫成效的第三方评估机制。评价精准扶贫成效，既要看减贫数量，更要看脱贫质量，不提不切实际的指标，对弄虚作假搞"数字脱贫"的，要严肃追究责任。

（五）发展特色产业脱贫。制定贫困地区特色产业发展规划。出台专项政策，统筹使用涉农资金，重点支持贫困村、贫困户因地

制宜发展种养业和传统手工业等。实施贫困村"一村一品"产业推进行动，扶持建设一批贫困人口参与度高的特色农业基地。加强贫困地区农民合作社和龙头企业培育，发挥其对贫困人口的组织和带动作用，强化其与贫困户的利益联结机制。支持贫困地区发展农产品加工业，加快一二三产业融合发展，让贫困户更多分享农业全产业链和价值链增值收益。加大对贫困地区农产品品牌推介营销支持力度。依托贫困地区特有的自然人文资源，深入实施乡村旅游扶贫工程。科学合理有序开发贫困地区水电、煤炭、油气等资源，调整完善资源开发收益分配政策。探索水电利益共享机制，将从发电中提取的资金优先用于水库移民和库区后续发展。引导中央企业、民营企业分别设立贫困地区产业投资基金，采取市场化运作方式，主要用于吸引企业到贫困地区从事资源开发、产业园区建设、新型城镇化发展等。

（六）引导劳务输出脱贫。加大劳务输出培训投入，统筹使用各类培训资源，以就业为导向，提高培训的针对性和有效性。加大职业技能提升计划和贫困户教育培训工程实施力度，引导企业扶贫与职业教育相结合，鼓励职业院校和技工学校招收贫困家庭子女，确保贫困家庭劳动力至少掌握一门致富技能，实现靠技能脱贫。进一步加大就业专项资金向贫困地区转移支付力度。支持贫困地区建设县乡基层劳动就业和社会保障服务平台，引导和支持用人企业在贫困地区建立劳务培训基地，开展好订单定向培训，建立和完善输出地与输入地劳务对接机制。鼓励地方对跨省务工的农村贫困人口给予交通补助。大力支持家政服务、物流配送、养老服务等产业发展，拓展贫困地区劳动力外出就业空间。加大对贫困地区农民工返乡创业政策扶持力度。对在城镇工作生活一年以上的农村贫困人口，输入地政府要承担相应的帮扶责任，并优先提供基本公共服务，促进有能力在城镇稳定就业和生活的农村贫困人口有序实现市民化。

（七）实施易地搬迁脱贫。对居住在生存条件恶劣、生态环境脆弱、自然灾害频发等地区的农村贫困人口，加快实施易地扶贫搬迁工程。坚持群众自愿、积极稳妥的原则，因地制宜选择搬迁安置方式，合理确定住房建设标准，完善搬迁后续扶持政策，确保搬迁对象有业可就、稳定脱贫，做到搬得出、稳得住、能致富。要紧密结合推进新型城镇化，编制实施易地扶贫搬迁规划，支持有条件的地方依托小城镇、工业园区安置搬迁群众，帮助其尽快实现转移就业，享有与当地群众同等的基本公共服务。加大中央预算内投资和地方各级政府投入力度，创新投融资机制，拓宽资金来源渠道，提高补助标准。积极整合交通建设、农田水利、土地整治、地质灾害防治、林业生态等支农资金和社会资金，支持安置区配套公共设施建设和迁出区生态修复。利用城乡建设用地增减挂钩政策支持易地扶贫搬迁。为符合条件的搬迁户提供建房、生产、创业贴息贷款支持。支持搬迁安置点发展物业经济，增加搬迁户财产性收入。探索利用农民进城落户后自愿有偿退出的农村空置房屋和土地安置易地搬迁农户。

（八）结合生态保护脱贫。国家实施的退耕还林还草、天然林保护、防护林建设、石漠化治理、防沙治沙、湿地保护与恢复、坡耕地综合整治、退牧还草、水生态治理等重大生态工程，在项目和资金安排上进一步向贫困地区倾斜，提高贫困人口参与度和受益水平。加大贫困地区生态保护修复力度，增加重点生态功能区转移支付。结合建立国家公园体制，创新生态资金使用方式，利用生态补偿和生态保护工程资金使当地有劳动能力的部分贫困人口转为护林员等生态保护人员。合理调整贫困地区基本农田保有指标，加大贫困地区新一轮退耕还林还草力度。开展贫困地区生态综合补偿试点，健全公益林补偿标准动态调整机制，完善草原生态保护补助奖励政策，推动地区间建立横向生态补偿制度。

（九）着力加强教育脱贫。加快实施教育扶贫工程，让贫困家庭子女都能接受公平有质量的教育，阻断贫困代际传递。国家教育经费向贫困地区、基础教育倾斜。健全学前教育资助制度，帮助农村贫困家庭幼儿接受学前教育。稳步推进贫困地区农村义务教育阶段学生营养改善计划。加大对乡村教师队伍建设的支持力度，特岗计划、国培计划向贫困地区基层倾斜，为贫困地区乡村学校定向培养留得下、稳得住的一专多能教师，制定符合基层实际的教师招聘引进办法，建立省级统筹乡村教师补充机制，推动城乡教师合理流动和对口支援。全面落实连片特困地区乡村教师生活补助政策，建立乡村教师荣誉制度。合理布局贫困地区农村中小学校，改善基本办学条件，加快标准化建设，加强寄宿制学校建设，提高义务教育巩固率。普及高中阶段教育，率先从建档立卡的家庭经济困难学生实施普通高中免除学杂费、中等职业教育免除学杂费，让未升入普通高中的初中毕业生都能接受中等职业教育。加强有专业特色并适应市场需求的中等职业学校建设，提高中等职业教育国家助学金资助标准。努力办好贫困地区特殊教育和远程教育。建立保障农村和贫困地区学生上重点高校的长效机制，加大对贫困家庭大学生的救助力度。对贫困家庭离校未就业的高校毕业生提供就业支持。实施教育扶贫结对帮扶行动计划。

（十）开展医疗保险和医疗救助脱贫。实施健康扶贫工程，保障贫困人口享有基本医疗卫生服务，努力防止因病致贫、因病返贫。对贫困人口参加新型农村合作医疗个人缴费部分由财政给予补贴。新型农村合作医疗和大病保险制度对贫困人口实行政策倾斜，门诊统筹率先覆盖所有贫困地区，降低贫困人口大病费用实际支出，对新型农村合作医疗和大病保险支付后自负费用仍有困难的，加大医疗救助、临时救助、慈善救助等帮扶力度，将贫困人口全部纳入重特大疾病救助范围，使贫困人口大病医治得到有效保障。加大农村贫困残疾人康复服务和医疗救助力度，扩大纳入基本医疗保险范围的残疾人医疗康复项目。建立贫困人口健康卡。对贫困人口大病实行分类救治和先诊疗后付费的结算机制。建立全国三级医院（含军队和武警部队医院）与连片特困地区县和国家扶贫开发工作重点县县级医院稳定持续的一对一帮扶关系。完成贫困地区县乡村三级医疗卫生服务网络标准化建设，积极促进远程医疗诊治和保健咨询服务向贫困地区延伸。为贫困地区县乡医疗卫生机构订单定向免费培养医学类本专科学生，支持贫困地区实施全科医生和专科医生特设岗位计划，制定符合基层实际的人才招聘引进办法。支持和引导符合条件的贫困地区乡村医生按规定参加城镇职工基本养老保险。采取针对性措施，加强贫困地区传染病、地方病、慢性病等防治工作。全面实施贫困地区儿童营养改善、新生儿疾病免费筛查、妇女“两癌”免费筛查、孕前优生健康免费检查等重大公共卫生项目。加强贫困地区计划生育服务管理工作。

（十一）实行农村最低生活保障制度兜底脱贫。完善农村最低生活保障制度，对无法依靠产业扶持和就业帮助脱贫的家庭实行政策性保障兜底。加大农村低保省级统筹力度，低保标准较低的地区要逐步达到国家扶贫标准。尽快制定农村最低生活保障制度与扶贫开发政策有效衔接的实施方案。进一步加强农村低保申请家庭经济状况核查工作，将所有符合条件的贫困家庭纳入低保范围，做到应保尽保。加大临时救助制度在贫困地区落实力度。提高农村特困人员供养水平，改善供养条件。抓紧建立农村低保和扶贫开发的数据互通、资源共享信息平台，实现动态监测管理、工作机制有效衔接。加快完善城乡居民基本养老保险制度，适时提高基础养老金标准，引导农村贫困人口积极参保续保，逐步提高保障水平。有条件、有需求地区可以实施“以粮济贫”。

（十二）探索资产收益扶贫。在不改变用途的情况下，财政专项扶贫资金和其他涉农资金投入设施农业、养殖、光伏、水电、乡村旅游等项目形成的资产，具备条件的可折股量化给贫困村和贫困户，尤其是丧失劳动能力的贫困户。资产可由村集体、合作社或其他经营主体统一经营。要强化监督管理，明确资产运营方对财政资金形成资产的保值增值责任，建立健全收益分配机制，确保资产收益及时回馈持股贫困户。支持农民合作社和其他经营主体通过土地托管、牲畜托养和吸收农民土地经营权入股等方式，带动贫困户增收。贫困地区水电、矿产等资源开发，赋予土地被占用的村集体股权，让贫困人口分享资源开发收益。

（十三）健全留守儿童、留守妇女、留守老人和残疾人关爱服务体系。对农村“三留守”人员和残疾人进行全面摸底排查，建立详实完备、动态更新的信息管理系统。加强儿童福利院、救助保护机构、特困人员供养机构、残疾人康复托养机构、社区儿童之家等服务设施和队伍建设，不断提高管理服务水平。建立家庭、学校、基层组织、政府和社会力量相衔接的留守儿童关爱服务网络。加强对未成年人的监护。健全孤儿、事实无人抚养儿童、低收入家庭重病重残等困境儿童的福利保障体系。健全发现报告、应急处置、帮扶干预机制，帮助特殊贫困家庭解决实际困难。加大贫困残疾人康复工程、特殊教育、技能培训、托养服务实施力度。针对残疾人的特殊困难，全面建立困难残疾人生活补贴和重度残疾人护理补贴制度。对低保家庭中的老年人、未成年人、重度残疾人等重点救助对象，提高救助水平，确保基本生活。引导和鼓励社会力量参与特殊群体关爱服务工作。

四、加强贫困地区基础设施建设，加快破除发展瓶颈制约

（十四）加快交通、水利、电力建设。推动国家铁路网、国家高速公路网连接贫困地区的重大交通项目建设，提高国道省道技术标准，构建贫困地区外通内联的交通运输通道。大幅度增加中央投资投入中西部地区和贫困地区的铁路、公路建设，继续实施车购税对农村公路建设的专项转移政策，提高贫困地区农村公路建设补助标准，加快完成具备条件的乡镇和建制村通硬化路的建设任务，加强农村公路安全防护和危桥改造，推动一定人口规模的自然村通公路。加强贫困地区重大水利工程、病险水库水闸除险加固、灌区续建配套与节水改造等水利项目建设。实施农村饮水安全巩固提升工程，全面解决贫困人口饮水安全问题。小型农田水利、"五小水利"工程等建设向贫困村倾斜。对贫困地区农村公益性基础设施管理养护给予支持。加大对贫困地区抗旱水源建设、中小河流治理、水土流失综合治理力度。加强山洪和地质灾害防治体系建设。大力扶持贫困地区农村水电开发。加强贫困地区农村气象为农服务体系和灾害防御体系建设。加快推进贫困地区农网改造升级，全面提升农网供电能力和供电质量，制定贫困村通动力电规划，提升贫困地区电力普遍服务水平。增加贫困地区年度发电指标。提高贫困地区水电工程留存电量比例。加快推进光伏扶贫工程，支持光伏发电设施接入电网运行，发展光伏农业。

（十五）加大"互联网+"扶贫力度。完善电信普遍服务补偿机制，加快推进宽带网络覆盖贫困村。实施电商扶贫工程。加快贫困地区物流配送体系建设，支持邮政、供销合作等系统在贫困乡村建

立服务网点。支持电商企业拓展农村业务，加强贫困地区农产品网上销售平台建设。加强贫困地区农村电商人才培训。对贫困家庭开设网店给予网络资费补助、小额信贷等支持。开展互联网为农便民服务，提升贫困地区农村互联网金融服务水平，扩大信息进村入户覆盖面。

（十六）加快农村危房改造和人居环境整治。加快推进贫困地区农村危房改造，统筹开展农房抗震改造，把建档立卡贫困户放在优先位置，提高补助标准，探索采用贷款贴息、建设集体公租房等多种方式，切实保障贫困户基本住房安全。加大贫困村生活垃圾处理、污水治理、改厕和村庄绿化美化力度。加大贫困地区传统村落保护力度。继续推进贫困地区农村环境连片整治。加大贫困地区以工代赈投入力度，支持农村山水田林路建设和小流域综合治理。财政支持的微小型建设项目，涉及贫困村的，允许按照一事一议方式直接委托村级组织自建自管。以整村推进为平台，加快改善贫困村生产生活条件，扎实推进美丽宜居乡村建设。

（十七）重点支持革命老区、民族地区、边疆地区、连片特困地区脱贫攻坚。出台加大脱贫攻坚力度支持革命老区开发建设指导意见，加快实施重点贫困革命老区振兴发展规划，扩大革命老区财政转移支付规模。加快推进民族地区重大基础设施项目和民生工程建设，实施少数民族特困地区和特困群体综合扶贫工程，出台人口较少民族整体脱贫的特殊政策措施。改善边疆民族地区义务教育阶段基本办学条件，建立健全双语教学体系，加大教育对口支援力度，积极发展符合民族地区实际的职业教育，加强民族地区师资培训。加强少数民族特色村镇保护与发展。大力推进兴边富民行动，加大边境地区转移支付力度，完善边民补贴机制，充分考虑边境地区特殊需要，集中改善边民生产生活条件，扶持发展边境贸易和特色经济，使边民能够安心生产生活、安心守边固边。完善片区联系协调机制，加快实施集中连片特殊困难地区区域发展与脱贫攻坚规划。加大中央投入力度，采取特殊扶持政策，推进西藏、四省藏区和新疆南疆四地州脱贫攻坚。

五、强化政策保障，健全脱贫攻坚支撑体系

（十八）加大财政扶贫投入力度。发挥政府投入在扶贫开发中的主体和主导作用，积极开辟扶贫开发新的资金渠道，确保政府扶贫投入力度与脱贫攻坚任务相适应。中央财政继续加大对贫困地区的转移支付力度，中央财政专项扶贫资金规模实现较大幅度增长，一般性转移支付资金、各类涉及民生的专项转移支付资金和中央预算内投资进一步向贫困地区和贫困人口倾斜。加大中央集中彩票公益金对扶贫的支持力度。农业综合开发、农村综合改革转移支付等涉农资金要明确一定比例用于贫困村。各部门安排的各项惠民政策、项目和工程，要最大限度地向贫困地区、贫困村、贫困人口倾斜。各省（自治区、直辖市）要根据本地脱贫攻坚需要，积极调整省级财政支出结构，切实加大扶贫资金投入。从2016年起通过扩大中央和地方财政支出规模，增加对贫困地区水电路气网等基础设施建设和提高基本公共服务水平的投入。建立健全脱贫攻坚多规划衔接、多部门协调长效机制，整合目标相近、方向类同的涉农资金。按照权责一致原则，支持连片特困地区县和国家扶贫开发工作重点县围绕本县突出问题，以扶贫规划为引领，以重点扶贫项目为平台，把专项扶贫资金、相关涉农资金和社会帮扶资金捆绑集中使用。严格落实国家在贫困地区安排的公益性建设项目取消县级和西部连片特困地区地市级配套资金的政策，并加大中央和省级财政投资补助比重。在扶贫开发中推广政府与社会资本合作、政府购

买服务等模式。加强财政监督检查和审计、稽查等工作，建立扶贫资金违规使用责任追究制度。纪检监察机关对扶贫领域虚报冒领、截留私分、贪污挪用、挥霍浪费等违法违规问题，坚决从严惩处。推进扶贫开发领域反腐倡廉建设，集中整治和加强预防扶贫领域职务犯罪工作。贫困地区要建立扶贫公告公示制度，强化社会监督，保障资金在阳光下运行。

（十九）加大金融扶贫力度。鼓励和引导商业性、政策性、开发性、合作性等各类金融机构加大对扶贫开发的金融支持。运用多种货币政策工具，向金融机构提供长期、低成本的资金，用于支持扶贫开发。设立扶贫再贷款，实行比支农再贷款更优惠的利率，重点支持贫困地区发展特色产业和贫困人口就业创业。运用适当的政策安排，动用财政贴息资金及部分金融机构的富余资金，对接政策性、开发性金融机构的资金需求，拓宽扶贫资金来源渠道。由国家开发银行和中国农业发展银行发行政策性金融债，按照微利或保本的原则发放长期贷款，中央财政给予90%的贷款贴息，专项用于易地扶贫搬迁。国家开发银行、中国农业发展银行分别设立“扶贫金融事业部”，依法享受税收优惠。中国农业银行、邮政储蓄银行、农村信用社等金融机构要延伸服务网络，创新金融产品，增加贫困地区信贷投放。对有稳定还款来源的扶贫项目，允许采用过桥贷款方式，撬动信贷资金投入。按照省（自治区、直辖市）负总责的要求，建立和完善省级扶贫开发投融资主体。支持农村信用社、村镇银行等金融机构为贫困户提供免抵押、免担保扶贫小额信贷，由财政按基础利率贴息。加大创业担保贷款、助学贷款、妇女小额贷款、康复扶贫贷款实施力度。优先支持在贫困地区设立村镇银行、小额贷款公司等机构。支持贫困地区培育发展农民资金互助组织，开展农民合作社信用合作试点。支持贫困地区设立扶贫贷款风险补偿基金。支持贫困地区设立政府出资的融资担保机构，重点开展扶贫担保业务。积极发展扶贫小额贷款保证保险，对贫困户保证保险保费予以补助。扩大农业保险覆盖面，通过中央财政以奖代补等支持贫困地区特色农产品保险发展。加强贫困地区金融服务基础设施建设，优化金融生态环境。支持贫困地区开展特色农产品价格保险，有条件的地方可给予一定保费补贴。有效拓展贫困地区抵押物担保范围。

（二十）完善扶贫开发用地政策。支持贫困地区根据第二次全国土地调查及最新年度变更调查成果，调整完善土地利用总体规划。新增建设用地计划指标优先保障扶贫开发用地需要，专项安排国家扶贫开发工作重点县年度新增建设用地计划指标。中央和省级在安排土地整治工程和项目、分配下达高标准基本农田建设计划和补助资金时，要向贫困地区倾斜。在连片特困地区和国家扶贫开发工作重点县开展易地扶贫搬迁，允许将城乡建设用地增减挂钩指标在省域范围内使用。在有条件的贫困地区，优先安排国土资源管理制度改革试点，支持开展历史遗留工矿废弃地复垦利用、城镇低效用地再开发和低丘缓坡荒滩等未利用地开发利用试点。

（二十一）发挥科技、人才支撑作用。加大科技扶贫力度，解决贫困地区特色产业发展和生态建设中的关键技术问题。加大技术创新引导专项（基金）对科技扶贫的支持，加快先进适用技术成果在贫困地区的转化。深入推行科技特派员制度，支持科技特派员开展创业式扶贫服务。强化贫困地区基层农技推广体系建设，加强新型职业农民培训。加大政策激励力度，鼓励各类人才扎根贫困地区基层建功立业，对表现优秀的人员在职称评聘等方面给予倾斜。大力实施边远贫困地区、边疆民族地区和革命老区人才支持计划，贫困地区本土人才培养计划。积极推进贫困村创业致富带头人培训工程。

六、广泛动员全社会力量，合力推进脱贫攻坚

（二十二）健全东西部扶贫协作机制。加大东西部扶贫协作力度，建立精准对接机制，使帮扶资金主要用于贫困村、贫困户。东部地区要根据财力增长情况，逐步增加对口帮扶财政投入，并列入年度预算。强化以企业合作为载体的扶贫协作，鼓励东西部按照当地主体功能定位共建产业园区，推动东部人才、资金、技术向贫困地区流动。启动实施经济强县（市）与国家扶贫开发工作重点县“携手奔小康”行动，东部各省（直辖市）在努力做好本区域内扶贫开发工作的同时，更多发挥县（市）作用，与扶贫协作省份的国家扶贫开发工作重点县开展结对帮扶。建立东西部扶贫协作考核评价机制。

（二十三）健全定点扶贫机制。进一步加强和改进定点扶贫工作，建立考核评价机制，确保各单位落实扶贫责任。深入推进中央企业定点帮扶贫困革命老区县“百县万村”活动。完善定点扶贫牵头联系机制，各牵头部门要按照分工督促指导各单位做好定点扶贫工作。

（二十四）健全社会力量参与机制。鼓励支持民营企业、社会组织、个人参与扶贫开发，实现社会帮扶资源和精准扶贫有效对接。引导社会扶贫重心下移，自愿包村包户，做到贫困户都有党员干部或爱心人士结对帮扶。吸纳农村贫困人口就业的企业，按规定享受税收优惠、职业培训补贴等就业支持政策。落实企业和个人公益扶贫捐赠所得税税前扣除政策。充分发挥各民主党派、无党派人士在人才和智力扶贫上的优势和作用。工商联系统组织民营企业

开展“万企帮万村”精准扶贫行动。通过政府购买服务等方式，鼓励各类社会组织开展到村到户精准扶贫。完善扶贫龙头企业认定制度，增强企业辐射带动贫困户增收的能力。鼓励有条件的企业设立扶贫公益基金和开展扶贫公益信托。发挥好“10·17”全国扶贫日社会动员作用。实施扶贫志愿者行动计划和社会工作专业人才服务贫困地区计划。着力打造扶贫公益品牌，全面及时公开扶贫捐赠信息，提高社会扶贫公信力和美誉度。构建社会扶贫信息服务网络，探索发展公益众筹扶贫。

七、大力营造良好氛围，为脱贫攻坚提供强大精神动力

（二十五）创新中国特色扶贫开发理论。深刻领会习近平总书记关于新时期扶贫开发的重要战略思想，系统总结我们党和政府领导亿万人民摆脱贫困的历史经验，提炼升华精准扶贫的实践成果，不断丰富完善中国特色扶贫开发理论，为脱贫攻坚注入强大思想动力。

（二十六）加强贫困地区乡风文明建设。培育和践行社会主义核心价值观，大力弘扬中华民族自强不息、扶贫济困传统美德，振奋贫困地区广大干部群众精神，坚定改变贫困落后面貌的信心和决心，凝聚全党全社会扶贫开发强大合力。倡导现代文明理念和生活方式，改变落后风俗习惯，善于发挥乡规民约在扶贫济困中的积极作用，激发贫困群众奋发脱贫的热情。推动文化投入向贫困地区倾斜，集中实施一批文化惠民扶贫项目，普遍建立村级文化中心。深化贫困地区文明村镇和文明家庭创建。推动贫困地区县级公共文化体育设施达到国家标准。支持贫困地区挖掘保护和开发利用红色、民族、民间文化资源。鼓励文化单位、文艺工作者和其他社会力量为贫困地区提供文化产品和服务。

（二十七）扎实做好脱贫攻坚宣传工作。坚持正确舆论导向，全面宣传我国扶贫事业取得的重大成就，准确解读党和政府扶贫开发的决策部署、政策举措，生动报道各地区各部门精准扶贫、精准脱贫丰富实践和先进典型。建立国家扶贫荣誉制度，表彰对扶贫开发作出杰出贡献的组织和个人。加强对外宣传，讲好减贫的中国故事，传播好减贫的中国声音，阐述好减贫的中国理念。

（二十八）加强国际减贫领域交流合作。通过对外援助、项目合作、技术扩散、智库交流等多种形式，加强与发展中国家和国际机构在减贫领域的交流合作。积极借鉴国际先进减贫理念与经验。履行减贫国际责任，积极落实联合国2030年可持续发展议程，对全球减贫事业作出更大贡献。

八、切实加强党的领导，为脱贫攻坚提供坚强政治保障

（二十九）强化脱贫攻坚领导责任制。实行中央统筹、省（自治区、直辖市）负总责、市（地）县抓落实的工作机制，坚持片区为重点、精准到村到户。党中央、国务院主要负责统筹制定扶贫开发大政方针，出台重大政策举措，规划重大工程项目。省（自治区、直辖市）党委和政府对扶贫开发工作负总责，抓好目标确定、项目下达、资金投放、组织动员、监督考核等工作。市（地）党委和政府要做好上下衔接、域内协调、督促检查工作，把精力集中在贫困县如期摘帽上。县级党委和政府承担主体责任，书记和县长是第一责任人，做好进度安排、项目落地、资金使用、人力调配、推进实施等工作。要层层签订脱贫攻坚责任书，扶贫开发任务重的省（自治区、直辖市）党政主要领导要向中央签署脱贫责任书，每年要向中央作扶贫脱贫进展情况的报告。省（自治区、直辖市）党委和政府要向市（地）、县（市）、乡镇提出要求，层层落实责任制。中央和国家机

关各部门要按照部门职责落实扶贫开发责任，实现部门专项规划与脱贫攻坚规划有效衔接，充分运用行业资源做好扶贫开发工作。军队和武警部队要发挥优势，积极参与地方扶贫开发。改进县级干部选拔任用机制，统筹省（自治区、直辖市）内优秀干部，选好配强扶贫任务重的县党政主要领导，把扶贫开发工作实绩作为选拔使用干部的重要依据。脱贫攻坚期内贫困县县级领导班子要保持稳定，对表现优秀、符合条件的可以就地提级。加大选派优秀年轻干部特别是后备干部到贫困地区工作的力度，有计划地安排省部级后备干部到贫困县挂职任职，各省（自治区、直辖市）党委和政府也要选派厅局级后备干部到贫困县挂职任职。各级领导干部要自觉践行党的群众路线，切实转变作风，把严的要求、实的作风贯穿于脱贫攻坚始终。

（三十）发挥基层党组织战斗堡垒作用。加强贫困乡镇领导班子建设，有针对性地选配政治素质高、工作能力强、熟悉“三农”工作的干部担任贫困乡镇党政主要领导。抓好以村党组织为领导核心的村级组织配套建设，集中整顿软弱涣散村党组织，提高贫困村党组织的创造力、凝聚力、战斗力，发挥好工会、共青团、妇联等群团组织的作用。选好配强村级领导班子，突出抓好村党组织带头人队伍建设，充分发挥党员先锋模范作用。完善村级组织运转经费保障机制，将村干部报酬、村办公经费和其他必要支出作为保障重点。注重选派思想好、作风正、能力强的优秀年轻干部到贫困地区驻村，选聘高校毕业生到贫困村工作。根据贫困村的实际需求，精准选配第一书记，精准选派驻村工作队，提高县以上机关派出干部比例。加大驻村干部考核力度，不稳定脱贫不撤队伍。对在基层一线干出成绩、群众欢迎的驻村干部，要重点培养使用。加快推进贫困村村务监督委员会建设，继续落实好“四议两公开”、村务联席会等制度，健全党组织领导的村民自治机制。在有实际需要的地区，探索在村民小组或自然村开展村民自治，通过议事协商，组织群众自觉广泛参与扶贫开发。

（三十一）严格扶贫考核督查问责。抓紧出台中央对省（自治区、直辖市）党委和政府扶贫开发工作成效考核办法。建立年度扶贫开发工作逐级督查制度，选择重点部门、重点地区进行联合督查，对落实不力的部门和地区，国务院扶贫开发领导小组要向党中央、国务院报告并提出责任追究建议，对未完成年度减贫任务的省份要对党政主要领导进行约谈。各省（自治区、直辖市）党委和政府要加快出台对贫困县扶贫绩效考核办法，大幅度提高减贫指标在贫困县经济社会发展实绩考核指标中的权重，建立扶贫工作责任清单。加快落实对限制开发区域和生态脆弱的贫困县取消地区生产总值考核的要求。落实贫困县约束机制，严禁铺张浪费，厉行勤俭节约，严格控制“三公”经费，坚决刹住穷县“富衙”、“戴帽”炫富之风，杜绝不切实际的形象工程。建立重大涉贫事件的处置、反馈机制，在处置典型事件中发现问题，不断提高扶贫工作水平。加强农村贫困统计监测体系建设，提高监测能力和数据质量，实现数据共享。

（三十二）加强扶贫开发队伍建设。稳定和强化各级扶贫开发领导小组和工作机构。扶贫开发任务重的省（自治区、直辖市）、市（地）、县（市）扶贫开发领导小组组长由党政主要负责同志担任，强化各级扶贫开发领导小组决策部署、统筹协调、督促落实、检查考核的职能。加强与精准扶贫工作要求相适应的扶贫开发队伍和机构建设，完善各级扶贫开发机构的设置和职能，充实配强各级扶贫开发工作力度。扶贫任务重的乡镇要有专门干部负责扶贫开发工作。加强贫困地区县级领导干部和扶贫干部思想作风建设，加大培训力度，全面提升扶贫干部队伍能力水平。

（三十三）推进扶贫开发法治建设。各级党委和政府要切实履行责任，善于运用法治思维和法治方式推进扶贫开发工作，在规划编制、项目安排、资金使用、监督管理等方面，提高规范化、制度化、法治化水平。强化贫困地区社会治安防控体系建设和基层执法队伍建设。健全贫困地区公共法律服务制度，切实保障贫困人口合法权益。完善扶贫开发法律法规，抓紧制定扶贫开发条例。

让我们更加紧密地团结在以习近平同志为总书记的党中央周围，凝心聚力，精准发力，苦干实干，坚决打赢脱贫攻坚战，为全面建成小康社会、实现中华民族伟大复兴的中国梦而努力奋斗。

《中共中央　国务院关于实施乡村振兴战略的意见》

（2018 年 1 月 2 日）

实施乡村振兴战略，是党的十九大作出的重大决策部署，是决胜全面建成小康社会、全面建设社会主义现代化国家的重大历史任务，是新时代“三农”工作的总抓手。现就实施乡村振兴战略提出如下意见。

一、新时代实施乡村振兴战略的重大意义

党的十八大以来，在以习近平同志为核心的党中央坚强领导下，我们坚持把解决好“三农”问题作为全党工作重中之重，持续加大强农惠农富农政策力度，扎实推进农业现代化和新农村建设，全面深化农村改革，农业农村发展取得了历史性成就，为党和国家事业全面开创新局面提供了重要支撑。5 年来，粮食生产能力跨上新台阶，农业供给侧结构性改革迈出新步伐，农民收入持续增长，农村民生全面改善，脱贫攻坚战取得决定性进展，农村生态文明建设显著加强，农民获得感显著提升，农村社会稳定和谐。农业农村发展取得的重大成就和“三农”工作积累的丰富经验，为实施乡村振兴战略奠定了良好基础。

农业农村农民问题是关系国计民生的根本性问题。没有农业农村的现代化，就没有国家的现代化。当前，我国发展不平衡不充

分问题在乡村最为突出，主要表现在：农产品阶段性供过于求和供给不足并存，农业供给质量亟待提高；农民适应生产力发展和市场竞争的能力不足，新型职业农民队伍建设亟需加强；农村基础设施和民生领域欠账较多，农村环境和生态问题比较突出，乡村发展整体水平亟待提升；国家支农体系相对薄弱，农村金融改革任务繁重，城乡之间要素合理流动机制亟待健全；农村基层党建存在薄弱环节，乡村治理体系和治理能力亟待强化。实施乡村振兴战略，是解决人民日益增长的美好生活需要和不平衡不充分的发展之间矛盾的必然要求，是实现"两个一百年"奋斗目标的必然要求，是实现全体人民共同富裕的必然要求。

在中国特色社会主义新时代，乡村是一个可以大有作为的广阔天地，迎来了难得的发展机遇。我们有党的领导的政治优势，有社会主义的制度优势，有亿万农民的创造精神，有强大的经济实力支撑，有历史悠久的农耕文明，有旺盛的市场需求，完全有条件有能力实施乡村振兴战略。必须立足国情农情，顺势而为，切实增强责任感使命感紧迫感，举全党全国全社会之力，以更大的决心、更明确的目标、更有力的举措，推动农业全面升级、农村全面进步、农民全面发展，谱写新时代乡村全面振兴新篇章。

二、实施乡村振兴战略的总体要求

（一）指导思想。全面贯彻党的十九大精神，以习近平新时代中国特色社会主义思想为指导，加强党对"三农"工作的领导，坚持稳中求进工作总基调，牢固树立新发展理念，落实高质量发展的要求，紧紧围绕统筹推进"五位一体"总体布局和协调推进"四个全面"战略布局，坚持把解决好"三农"问题作为全党工作重中之重，坚持农业农村优先发展，按照产业兴旺、生态宜居、乡风文明、治理有效、生活富裕的总要求，建立健全城乡融合发展体制机制和政策体系，统筹推进农村经济建设、政治建设、文化建设、社会建设、生态文明建设和党的建设，加快推进乡村治理体系和治理能力现代化，加快推进农业农村现代化，走中国特色社会主义乡村振兴道路，让农业成为有奔头的产业，让农民成为有吸引力的职业，让农村成为安居乐业的美丽家园。

（二）目标任务。按照党的十九大提出的决胜全面建成小康社会、分两个阶段实现第二个百年奋斗目标的战略安排，实施乡村振兴战略的目标任务是：

到2020年，乡村振兴取得重要进展，制度框架和政策体系基本形成。农业综合生产能力稳步提升，农业供给体系质量明显提高，农村一二三产业融合发展水平进一步提升；农民增收渠道进一步拓宽，城乡居民生活水平差距持续缩小；现行标准下农村贫困人口实现脱贫，贫困县全部摘帽，解决区域性整体贫困；农村基础设施建设深入推进，农村人居环境明显改善，美丽宜居乡村建设扎实推进；城乡基本公共服务均等化水平进一步提高，城乡融合发展体制机制初步建立；农村对人才吸引力逐步增强；农村生态环境明显好转，农业生态服务能力进一步提高；以党组织为核心的农村基层组织建设进一步加强，乡村治理体系进一步完善；党的农村工作领导体制机制进一步健全；各地区各部门推进乡村振兴的思路举措得以确立。

到2035年，乡村振兴取得决定性进展，农业农村现代化基本实现。农业结构得到根本性改善，农民就业质量显著提高，相对贫困进一步缓解，共同富裕迈出坚实步伐；城乡基本公共服务均等化基本实现，城乡融合发展体制机制更加完善；乡风文明达到新高度，乡村治理体系更加完善；农村生态环境根本好转，美丽宜居乡村基本实现。

到2050年，乡村全面振兴，农业强、农村美、农民富全面实现。

（三）基本原则

——坚持党管农村工作。毫不动摇地坚持和加强党对农村工作的领导，健全党管农村工作领导体制机制和党内法规，确保党在农村工作中始终总揽全局、协调各方，为乡村振兴提供坚强有力的政治保障。

——坚持农业农村优先发展。把实现乡村振兴作为全党的共同意志、共同行动，做到认识统一、步调一致，在干部配备上优先考虑，在要素配置上优先满足，在资金投入上优先保障，在公共服务上优先安排，加快补齐农业农村短板。

——坚持农民主体地位。充分尊重农民意愿，切实发挥农民在乡村振兴中的主体作用，调动亿万农民的积极性、主动性、创造性，把维护农民群众根本利益、促进农民共同富裕作为出发点和落脚点，促进农民持续增收，不断提升农民的获得感、幸福感、安全感。

——坚持乡村全面振兴。准确把握乡村振兴的科学内涵，挖掘乡村多种功能和价值，统筹谋划农村经济建设、政治建设、文化建设、社会建设、生态文明建设和党的建设，注重协同性、关联性，整体部署，协调推进。

——坚持城乡融合发展。坚决破除体制机制弊端，使市场在资源配置中起决定性作用，更好发挥政府作用，推动城乡要素自由流动、平等交换，推动新型工业化、信息化、城镇化、农业现代化同步发展，加快形成工农互促、城乡互补、全面融合、共同繁荣的新型工农城乡关系。

——坚持人与自然和谐共生。牢固树立和践行绿水青山就是金山银山的理念，落实节约优先、保护优先、自然恢复为主的方针，统筹山水林田湖草系统治理，严守生态保护红线，以绿色发展引领乡村振兴。

——坚持因地制宜、循序渐进。科学把握乡村的差异性和发展走势分化特征，做好顶层设计，注重规划先行、突出重点、分类施策、典型引路。既尽力而为，又量力而行，不搞层层加码，不搞一刀切，不搞形式主义，久久为功，扎实推进。

三、提升农业发展质量，培育乡村发展新动能

乡村振兴，产业兴旺是重点。必须坚持质量兴农、绿色兴农，以农业供给侧结构性改革为主线，加快构建现代农业产业体系、生产体系、经营体系，提高农业创新力、竞争力和全要素生产率，加快实现由农业大国向农业强国转变。

（一）夯实农业生产能力基础。深入实施藏粮于地、藏粮于技战略，严守耕地红线，确保国家粮食安全，把中国人的饭碗牢牢端在自己手中。全面落实永久基本农田特殊保护制度，加快划定和建设粮食生产功能区、重要农产品生产保护区，完善支持政策。大规模推进农村土地整治和高标准农田建设，稳步提升耕地质量，强化监督考核和地方政府责任。加强农田水利建设，提高抗旱防洪除涝能力。实施国家农业节水行动，加快灌区续建配套与现代化改造，推进小型农田水利设施达标提质，建设一批重大高效节水灌溉工程。加快建设国家农业科技创新体系，加强面向全行业的科技创新基地建设。深化农业科技成果转化和推广应用改革。加快发展现代农作物、畜禽、水产、林木种业，提升自主创新能力。高标准建设国家南繁育种基地。推进我国农机装备产业转型升级，加强科研机构、设备制造企业联合攻关，进一步提高大宗农作物机械国产化水

平，加快研发经济作物、养殖业、丘陵山区农林机械，发展高端农机装备制造。优化农业从业者结构，加快建设知识型、技能型、创新型农业经营者队伍。大力发展数字农业，实施智慧农业林业水利工程，推进物联网试验示范和遥感技术应用。

（二）实施质量兴农战略。制定和实施国家质量兴农战略规划，建立健全质量兴农评价体系、政策体系、工作体系和考核体系。深入推进农业绿色化、优质化、特色化、品牌化，调整优化农业生产力布局，推动农业由增产导向转向提质导向。推进特色农产品优势区创建，建设现代农业产业园、农业科技园。实施产业兴村强县行动，推行标准化生产，培育农产品品牌，保护地理标志农产品，打造一村一品、一县一业发展新格局。加快发展现代高效林业，实施兴林富民行动，推进森林生态标志产品建设工程。加强植物病虫害、动物疫病防控体系建设。优化养殖业空间布局，大力发展绿色生态健康养殖，做大做强民族奶业。统筹海洋渔业资源开发，科学布局近远海养殖和远洋渔业，建设现代化海洋牧场。建立产学研融合的农业科技创新联盟，加强农业绿色生态、提质增效技术研发应用。切实发挥农垦在质量兴农中的带动引领作用。实施食品安全战略，完善农产品质量和食品安全标准体系，加强农业投入品和农产品质量安全追溯体系建设，健全农产品质量和食品安全监管体制，重点提高基层监管能力。

（三）构建农村一二三产业融合发展体系。大力开发农业多种功能，延长产业链、提升价值链、完善利益链，通过保底分红、股份合作、利润返还等多种形式，让农民合理分享全产业链增值收益。实施农产品加工业提升行动，鼓励企业兼并重组，淘汰落后产能，支持主产区农产品就地加工转化增值。重点解决农产品销售中的突出问题，加强农产品产后分级、包装、营销，建设现代化农产品冷链仓储物流体系，打造农产品销售公共服务平台，支持供销、邮政及各类企业把服务网点延伸到乡村，健全农产品产销稳定衔接机制，大力建设具有广泛性的促进农村电子商务发展的基础设施，鼓励支持各类市场主体创新发展基于互联网的新型农业产业模式，深入实施电子商务进农村综合示范，加快推进农村流通现代化。实施休闲农业和乡村旅游精品工程，建设一批设施完备、功能多样的休闲观光园区、森林人家、康养基地、乡村民宿、特色小镇。对利用闲置农房发展民宿、养老等项目，研究出台消防、特种行业经营等领域便利市场准入、加强事中事后监管的管理办法。发展乡村共享经济、创意农业、特色文化产业。

（四）构建农业对外开放新格局。优化资源配置，着力节本增效，提高我国农产品国际竞争力。实施特色优势农产品出口提升行动，扩大高附加值农产品出口。建立健全我国农业贸易政策体系。深化与“一带一路”沿线国家和地区农产品贸易关系。积极支持农业走出去，培育具有国际竞争力的大粮商和农业企业集团。积极参与全球粮食安全治理和农业贸易规则制定，促进形成更加公平合理的农业国际贸易秩序。进一步加大农产品反走私综合治理力度。

（五）促进小农户和现代农业发展有机衔接。统筹兼顾培育新型农业经营主体和扶持小农户，采取有针对性的措施，把小农生产引入现代农业发展轨道。培育各类专业化市场化服务组织，推进农业生产全程社会化服务，帮助小农户节本增效。发展多样化的联合与合作，提升小农户组织化程度。注重发挥新型农业经营主体带动作用，打造区域公用品牌，开展农超对接、农社对接，帮助小农户对接市场。扶持小农户发展生态农业、设施农业、体验农业、定制农业，提高产品档次和附加值，拓展增收空间。改善小农户生产设施条件，提升小农户抗风险能力。研究制定扶持小农生产的政策意见。

四、推进乡村绿色发展，打造人与自然和谐共生发展新格局

乡村振兴，生态宜居是关键。良好生态环境是农村最大优势和宝贵财富。必须尊重自然、顺应自然、保护自然，推动乡村自然资本加快增值，实现百姓富、生态美的统一。

（一）统筹山水林田湖草系统治理。把山水林田湖草作为一个生命共同体，进行统一保护、统一修复。实施重要生态系统保护和修复工程。健全耕地草原森林河流湖泊休养生息制度，分类有序退出超载的边际产能。扩大耕地轮作休耕制度试点。科学划定江河湖海限捕、禁捕区域，健全水生生态保护修复制度。实行水资源消耗总量和强度双控行动。开展河湖水系连通和农村河塘清淤整治，全面推行河长制、湖长制。加大农业水价综合改革工作力度。开展国土绿化行动，推进荒漠化、石漠化、水土流失综合治理。强化湿地保护和恢复，继续开展退耕还湿。完善天然林保护制度，把所有天然林都纳入保护范围。扩大退耕还林还草、退牧还草，建立成果巩固长效机制。继续实施三北防护林体系建设等林业重点工程，实施森林质量精准提升工程。继续实施草原生态保护补助奖励政策。实施生物多样性保护重大工程，有效防范外来生物入侵。

（二）加强农村突出环境问题综合治理。加强农业面源污染防治，开展农业绿色发展行动，实现投入品减量化、生产清洁化、废弃物资源化、产业模式生态化。推进有机肥替代化肥、畜禽粪污处理、农作物秸秆综合利用、废弃农膜回收、病虫害绿色防控。加强农村水环境治理和农村饮用水水源保护，实施农村生态清洁小流域建设。扩大华北地下水超采区综合治理范围。推进重金属污染耕

地防控和修复，开展土壤污染治理与修复技术应用试点，加大东北黑土地保护力度。实施流域环境和近岸海域综合治理。严禁工业和城镇污染向农业农村转移。加强农村环境监管能力建设，落实县乡两级农村环境保护主体责任。

（三）建立市场化多元化生态补偿机制。落实农业功能区制度，加大重点生态功能区转移支付力度，完善生态保护成效与资金分配挂钩的激励约束机制。鼓励地方在重点生态区位推行商品林赎买制度。健全地区间、流域上下游之间横向生态保护补偿机制，探索建立生态产品购买、森林碳汇等市场化补偿制度。建立长江流域重点水域禁捕补偿制度。推行生态建设和保护以工代赈做法，提供更多生态公益岗位。

（四）增加农业生态产品和服务供给。正确处理开发与保护的关系，运用现代科技和管理手段，将乡村生态优势转化为发展生态经济的优势，提供更多更好的绿色生态产品和服务，促进生态和经济良性循环。加快发展森林草原旅游、河湖湿地观光、冰雪海上运动、野生动物驯养观赏等产业，积极开发观光农业、游憩休闲、健康养生、生态教育等服务。创建一批特色生态旅游示范村镇和精品线路，打造绿色生态环保的乡村生态旅游产业链。

五、繁荣兴盛农村文化，焕发乡风文明新气象

乡村振兴，乡风文明是保障。必须坚持物质文明和精神文明一起抓，提升农民精神风貌，培育文明乡风、良好家风、淳朴民风，不断提高乡村社会文明程度。

（一）加强农村思想道德建设。以社会主义核心价值观为引领，坚持教育引导、实践养成、制度保障三管齐下，采取符合农村特点的有效方式，深化中国特色社会主义和中国梦宣传教育，大力弘扬

民族精神和时代精神。加强爱国主义、集体主义、社会主义教育，深化民族团结进步教育，加强农村思想文化阵地建设。深入实施公民道德建设工程，挖掘农村传统道德教育资源，推进社会公德、职业道德、家庭美德、个人品德建设。推进诚信建设，强化农民的社会责任意识、规则意识、集体意识、主人翁意识。

（二）传承发展提升农村优秀传统文化。立足乡村文明，吸取城市文明及外来文化优秀成果，在保护传承的基础上，创造性转化、创新性发展，不断赋予时代内涵、丰富表现形式。切实保护好优秀农耕文化遗产，推动优秀农耕文化遗产合理适度利用。深入挖掘农耕文化蕴含的优秀思想观念、人文精神、道德规范，充分发挥其在凝聚人心、教化群众、淳化民风中的重要作用。划定乡村建设的历史文化保护线，保护好文物古迹、传统村落、民族村寨、传统建筑、农业遗迹、灌溉工程遗产。支持农村地区优秀戏曲曲艺、少数民族文化、民间文化等传承发展。

（三）加强农村公共文化建设。按照有标准、有网络、有内容、有人才的要求，健全乡村公共文化服务体系。发挥县级公共文化机构辐射作用，推进基层综合性文化服务中心建设，实现乡村两级公共文化服务全覆盖，提升服务效能。深入推进文化惠民，公共文化资源要重点向乡村倾斜，提供更多更好的农村公共文化产品和服务。支持“三农”题材文艺创作生产，鼓励文艺工作者不断推出反映农民生产生活尤其是乡村振兴实践的优秀文艺作品，充分展示新时代农村农民的精神面貌。培育挖掘乡土文化本土人才，开展文化结对帮扶，引导社会各界人士投身乡村文化建设。活跃繁荣农村文化市场，丰富农村文化业态，加强农村文化市场监管。

（四）开展移风易俗行动。广泛开展文明村镇、星级文明户、文明家庭等群众性精神文明创建活动。遏制大操大办、厚葬薄养、人情攀比等陈规陋习。加强无神论宣传教育，丰富农民群众精神文化生活，抵制封建迷信活动。深化农村殡葬改革。加强农村科普工作，提高农民科学文化素养。

六、加强农村基层基础工作，构建乡村治理新体系

乡村振兴，治理有效是基础。必须把夯实基层基础作为固本之策，建立健全党委领导、政府负责、社会协同、公众参与、法治保障的现代乡村社会治理体制，坚持自治、法治、德治相结合，确保乡村社会充满活力、和谐有序。

（一）加强农村基层党组织建设。扎实推进抓党建促乡村振兴，突出政治功能，提升组织力，抓乡促村，把农村基层党组织建成坚强战斗堡垒。强化农村基层党组织领导核心地位，创新组织设置和活动方式，持续整顿软弱涣散村党组织，稳妥有序开展不合格党员处置工作，着力引导农村党员发挥先锋模范作用。建立选派第一书记工作长效机制，全面向贫困村、软弱涣散村和集体经济薄弱村党组织派出第一书记。实施农村带头人队伍整体优化提升行动，注重吸引高校毕业生、农民工、机关企事业单位优秀党员干部到村任职，选优配强村党组织书记。健全从优秀村党组织书记中选拔乡镇领导干部、考录乡镇机关公务员、招聘乡镇事业编制人员制度。加大在优秀青年农民中发展党员力度。建立农村党员定期培训制度。全面落实村级组织运转经费保障政策。推行村级小微权力清单制度，加大基层小微权力腐败惩处力度。严厉整治惠农补贴、集体资产管理、土地征收等领域侵害农民利益的不正之风和腐败问题。

（二）深化村民自治实践。坚持自治为基，加强农村群众性自治组织建设，健全和创新村党组织领导的充满活力的村民自治机制。推动村党组织书记通过选举担任村委会主任。发挥自治章程、

村规民约的积极作用。全面建立健全村务监督委员会，推行村级事务阳光工程。依托村民会议、村民代表会议、村民议事会、村民理事会、村民监事会等，形成民事民议、民事民办、民事民管的多层次基层协商格局。积极发挥新乡贤作用。推动乡村治理重心下移，尽可能把资源、服务、管理下放到基层。继续开展以村民小组或自然村为基本单元的村民自治试点工作。加强农村社区治理创新。创新基层管理体制机制，整合优化公共服务和行政审批职责，打造“一门式办理”、“一站式服务”的综合服务平台。在村庄普遍建立网上服务站点，逐步形成完善的乡村便民服务体系。大力培育服务性、公益性、互助性农村社会组织，积极发展农村社会工作和志愿服务。集中清理上级对村级组织考核评比多、创建达标多、检查督查多等突出问题。维护村民委员会、农村集体经济组织、农村合作经济组织的特别法人地位和权利。

（三）建设法治乡村。坚持法治为本，树立依法治理理念，强化法律在维护农民权益、规范市场运行、农业支持保护、生态环境治理、化解农村社会矛盾等方面的权威地位。增强基层干部法治观念、法治为民意识，将政府涉农各项工作纳入法治化轨道。深入推进综合行政执法改革向基层延伸，创新监管方式，推动执法队伍整合、执法力量下沉，提高执法能力和水平。建立健全乡村调解、县市仲裁、司法保障的农村土地承包经营纠纷调处机制。加大农村普法力度，提高农民法治素养，引导广大农民增强尊法学法守法用法意识。健全农村公共法律服务体系，加强对农民的法律援助和司法救助。

（四）提升乡村德治水平。深入挖掘乡村熟人社会蕴含的道德规范，结合时代要求进行创新，强化道德教化作用，引导农民向上向善、孝老爱亲、重义守信、勤俭持家。建立道德激励约束机制，引导农民自我管理、自我教育、自我服务、自我提高，实现家庭和睦、邻里和谐、干群融洽。广泛开展好媳妇、好儿女、好公婆等评选表彰活动，开展寻找最美乡村教师、医生、村官、家庭等活动。深入宣传道德模范、身边好人的典型事迹，弘扬真善美，传播正能量。

（五）建设平安乡村。健全落实社会治安综合治理领导责任制，大力推进农村社会治安防控体系建设，推动社会治安防控力量下沉。深入开展扫黑除恶专项斗争，严厉打击农村黑恶势力、宗族恶势力，严厉打击黄赌毒盗拐骗等违法犯罪。依法加大对农村非法宗教活动和境外渗透活动打击力度，依法制止利用宗教干预农村公共事务，继续整治农村乱建庙宇、滥塑宗教造像。完善县乡村三级综治中心功能和运行机制。健全农村公共安全体系，持续开展农村安全隐患治理。加强农村警务、消防、安全生产工作，坚决遏制重特大安全事故。探索以网格化管理为抓手、以现代信息技术为支撑，实现基层服务和管理精细化精准化。推进农村“雪亮工程”建设。

七、提高农村民生保障水平，塑造美丽乡村新风貌

乡村振兴，生活富裕是根本。要坚持人人尽责、人人享有，按照抓重点、补短板、强弱项的要求，围绕农民群众最关心最直接最现实的利益问题，一件事情接着一件事情办，一年接着一年干，把乡村建设成为幸福美丽新家园。

（一）优先发展农村教育事业。高度重视发展农村义务教育，推动建立以城带乡、整体推进、城乡一体、均衡发展的义务教育发展机制。全面改善薄弱学校基本办学条件，加强寄宿制学校建设。实施农村义务教育学生营养改善计划。发展农村学前教育。推进农村普及高中阶段教育，支持教育基础薄弱县普通高中建设，加强职业教育，逐步分类推进中等职业教育免除学杂费。健全学生资助

制度，使绝大多数农村新增劳动力接受高中阶段教育、更多接受高等教育。把农村需要的人群纳入特殊教育体系。以市县为单位，推动优质学校辐射农村薄弱学校常态化。统筹配置城乡师资，并向乡村倾斜，建好建强乡村教师队伍。

（二）促进农村劳动力转移就业和农民增收。健全覆盖城乡的公共就业服务体系，大规模开展职业技能培训，促进农民工多渠道转移就业，提高就业质量。深化户籍制度改革，促进有条件、有意愿、在城镇有稳定就业和住所的农业转移人口在城镇有序落户，依法平等享受城镇公共服务。加强扶持引导服务，实施乡村就业创业促进行动，大力发展文化、科技、旅游、生态等乡村特色产业，振兴传统工艺。培育一批家庭工场、手工作坊、乡村车间，鼓励在乡村地区兴办环境友好型企业，实现乡村经济多元化，提供更多就业岗位。拓宽农民增收渠道，鼓励农民勤劳守法致富，增加农村低收入者收入，扩大农村中等收入群体，保持农村居民收入增速快于城镇居民。

（三）推动农村基础设施提挡升级。继续把基础设施建设重点放在农村，加快农村公路、供水、供气、环保、电网、物流、信息、广播电视等基础设施建设，推动城乡基础设施互联互通。以示范县为载体全面推进“四好农村路”建设，加快实施通村组硬化路建设。加大成品油消费税转移支付资金用于农村公路养护力度。推进节水供水重大水利工程，实施农村饮水安全巩固提升工程。加快新一轮农村电网改造升级，制定农村通动力电规划，推进农村可再生能源开发利用。实施数字乡村战略，做好整体规划设计，加快农村地区宽带网络和第四代移动通信网络覆盖步伐，开发适应“三农”特点的信息技术、产品、应用和服务，推动远程医疗、远程教育等应用普及，弥合城乡数字鸿沟。提升气象为农服务能力。加强农村防灾减灾救灾能力建设。抓紧研究提出深化农村公共基础设施管护体制改革指导意见。

（四）加强农村社会保障体系建设。完善统一的城乡居民基本医疗保险制度和大病保险制度，做好农民重特大疾病救助工作。巩固城乡居民医保全国异地就医联网直接结算。完善城乡居民基本养老保险制度，建立城乡居民基本养老保险待遇确定和基础养老金标准正常调整机制。统筹城乡社会救助体系，完善最低生活保障制度，做好农村社会救助兜底工作。将进城落户农业转移人口全部纳入城镇住房保障体系。构建多层次农村养老保障体系，创新多元化照料服务模式。健全农村留守儿童和妇女、老年人以及困境儿童关爱服务体系。加强和改善农村残疾人服务。

（五）推进健康乡村建设。强化农村公共卫生服务，加强慢性病综合防控，大力推进农村地区精神卫生、职业病和重大传染病防治。完善基本公共卫生服务项目补助政策，加强基层医疗卫生服务体系建设，支持乡镇卫生院和村卫生室改善条件。加强乡村中医药服务。开展和规范家庭医生签约服务，加强妇幼、老人、残疾人等重点人群健康服务。倡导优生优育。深入开展乡村爱国卫生运动。

（六）持续改善农村人居环境。实施农村人居环境整治三年行动计划，以农村垃圾、污水治理和村容村貌提升为主攻方向，整合各种资源，强化各种举措，稳步有序推进农村人居环境突出问题治理。坚持不懈推进农村"厕所革命"，大力开展农村户用卫生厕所建设和改造，同步实施粪污治理，加快实现农村无害化卫生厕所全覆盖，努力补齐影响农民群众生活品质的短板。总结推广适用不同地区的农村污水治理模式，加强技术支撑和指导。深入推进农村环境综合整治。推进北方地区农村散煤替代，有条件的地方有序推进煤改气、煤改电和新能源利用。逐步建立农村低收入群体安全住房保障机制。强化新建农房规划管控，加强“空心村”服务管理和改造。保护保留乡村风貌，开展田园建筑示范，培养乡村传统建筑名匠。实施乡村绿化行动，全面保护古树名木。持续推进宜居宜业的美丽乡村建设。

八、打好精准脱贫攻坚战，增强贫困群众获得感

乡村振兴，摆脱贫困是前提。必须坚持精准扶贫、精准脱贫，把提高脱贫质量放在首位，既不降低扶贫标准，也不吊高胃口，采取更加有力的举措、更加集中的支持、更加精细的工作，坚决打好精准脱贫这场对全面建成小康社会具有决定性意义的攻坚战。

（一）瞄准贫困人口精准帮扶。对有劳动能力的贫困人口，强化产业和就业扶持，着力做好产销衔接、劳务对接，实现稳定脱贫。有序推进易地扶贫搬迁，让搬迁群众搬得出、稳得住、能致富。对完全或部分丧失劳动能力的特殊贫困人口，综合实施保障性扶贫政策，确保病有所医、残有所助、生活有兜底。做好农村最低生活保障工作的动态化精细化管理，把符合条件的贫困人口全部纳入保障范围。

（二）聚焦深度贫困地区集中发力。全面改善贫困地区生产生活条件，确保实现贫困地区基本公共服务主要指标接近全国平均水平。以解决突出制约问题为重点，以重大扶贫工程和到村到户帮扶为抓手，加大政策倾斜和扶贫资金整合力度，着力改善深度贫困地区发展条件，增强贫困农户发展能力，重点攻克深度贫困地区脱贫任务。新增脱贫攻坚资金项目主要投向深度贫困地区，增加金融投入对深度贫困地区的支持，新增建设用地指标优先保障深度贫困地区发展用地需要。

（三）激发贫困人口内生动力。把扶贫同扶志、扶智结合起来，

把救急纾困和内生脱贫结合起来，提升贫困群众发展生产和务工经商的基本技能，实现可持续稳固脱贫。引导贫困群众克服等靠要思想，逐步消除精神贫困。要打破贫困均衡，促进形成自强自立、争先脱贫的精神风貌。改进帮扶方式方法，更多采用生产奖补、劳务补助、以工代赈等机制，推动贫困群众通过自己的辛勤劳动脱贫致富。

（四）强化脱贫攻坚责任和监督。坚持中央统筹省负总责市县抓落实的工作机制，强化党政一把手负总责的责任制。强化县级党委作为全县脱贫攻坚总指挥部的关键作用，脱贫攻坚期内贫困县县级党政正职要保持稳定。开展扶贫领域腐败和作风问题专项治理，切实加强扶贫资金管理，对挪用和贪污扶贫款项的行为严惩不贷。将 2018 年作为脱贫攻坚作风建设年，集中力量解决突出作风问题。科学确定脱贫摘帽时间，对弄虚作假、搞数字脱贫的严肃查处。完善扶贫督查巡查、考核评估办法，除党中央、国务院统一部署外，各部门一律不准再组织其他检查考评。严格控制各地开展增加一线扶贫干部负担的各类检查考评，切实给基层减轻工作负担。关心爱护战斗在扶贫第一线的基层干部，制定激励政策，为他们工作生活排忧解难，保护和调动他们的工作积极性。做好实施乡村振兴战略与打好精准脱贫攻坚战的有机衔接。制定坚决打好精准脱贫攻坚战三年行动指导意见。研究提出持续减贫的意见。

九、推进体制机制创新，强化乡村振兴制度性供给

实施乡村振兴战略，必须把制度建设贯穿其中。要以完善产权制度和要素市场化配置为重点，激活主体、激活要素、激活市场，着力增强改革的系统性、整体性、协同性。

（一）巩固和完善农村基本经营制度。落实农村土地承包关系

稳定并长久不变政策，衔接落实好第二轮土地承包到期后再延长30年的政策，让农民吃上长效“定心丸”。全面完成土地承包经营权确权登记颁证工作，实现承包土地信息联通共享。完善农村承包地“三权分置”制度，在依法保护集体土地所有权和农户承包权前提下，平等保护土地经营权。农村承包土地经营权可以依法向金融机构融资担保、入股从事农业产业化经营。实施新型农业经营主体培育工程，培育发展家庭农场、合作社、龙头企业、社会化服务组织和农业产业化联合体，发展多种形式适度规模经营。

（二）深化农村土地制度改革。系统总结农村土地征收、集体经营性建设用地入市、宅基地制度改革试点经验，逐步扩大试点，加快土地管理法修改，完善农村土地利用管理政策体系。扎实推进房地一体的农村集体建设用地和宅基地使用权确权登记颁证。完善农民闲置宅基地和闲置农房政策，探索宅基地所有权、资格权、使用权“三权分置”，落实宅基地集体所有权，保障宅基地农户资格权和农民房屋财产权，适度放活宅基地和农民房屋使用权，不得违规违法买卖宅基地，严格实行土地用途管制，严格禁止下乡利用农村宅基地建设别墅大院和私人会馆。在符合土地利用总体规划前提下，允许县级政府通过村土地利用规划，调整优化村庄用地布局，有效利用农村零星分散的存量建设用地；预留部分规划建设用地指标用于单独选址的农业设施和休闲旅游设施等建设。对利用收储农村闲置建设用地发展农村新产业新业态的，给予新增建设用地指标奖励。进一步完善设施农用地政策。

（三）深入推进农村集体产权制度改革。全面开展农村集体资产清产核资、集体成员身份确认，加快推进集体经营性资产股份合作制改革。推动资源变资产、资金变股金、农民变股东，探索农村集体经济新的实现形式和运行机制。坚持农村集体产权制度改革正确方向，发挥村党组织对集体经济组织的领导核心作用，防止内部少数人控制和外部资本侵占集体资产。维护进城落户农民土地承包权、宅基地使用权、集体收益分配权，引导进城落户农民依法自愿有偿转让上述权益。研究制定农村集体经济组织法，充实农村集体产权权能。全面深化供销合作社综合改革，深入推进集体林权、水利设施产权等领域改革，做好农村综合改革、农村改革试验区等工作。

（四）完善农业支持保护制度。以提升农业质量效益和竞争力为目标，强化绿色生态导向，创新完善政策工具和手段，扩大“绿箱”政策的实施范围和规模，加快建立新型农业支持保护政策体系。深化农产品收储制度和价格形成机制改革，加快培育多元市场购销主体，改革完善中央储备粮管理体制。通过完善拍卖机制、定向销售、包干销售等，加快消化政策性粮食库存。落实和完善对农民直接补贴制度，提高补贴效能。健全粮食主产区利益补偿机制。探索开展稻谷、小麦、玉米三大粮食作物完全成本保险和收入保险试点，加快建立多层次农业保险体系。

十、汇聚全社会力量，强化乡村振兴人才支撑

实施乡村振兴战略，必须破解人才瓶颈制约。要把人力资本开发放在首要位置，畅通智力、技术、管理下乡通道，造就更多乡土人才，聚天下人才而用之。

（一）大力培育新型职业农民。全面建立职业农民制度，完善配套政策体系。实施新型职业农民培育工程。支持新型职业农民通过弹性学制参加中高等农业职业教育。创新培训机制，支持农民专业合作社、专业技术协会、龙头企业等主体承担培训。引导符合条件的新型职业农民参加城镇职工养老、医疗等社会保障制度。鼓

励各地开展职业农民职称评定试点。

（二）加强农村专业人才队伍建设。建立县域专业人才统筹使用制度，提高农村专业人才服务保障能力。推动人才管理职能部门简政放权，保障和落实基层用人主体自主权。推行乡村教师“县管校聘”。实施好边远贫困地区、边疆民族地区和革命老区人才支持计划，继续实施“三支一扶”、特岗教师计划等，组织实施高校毕业生基层成长计划。支持地方高等学校、职业院校综合利用教育培训资源，灵活设置专业（方向），创新人才培养模式，为乡村振兴培养专业化人才。扶持培养一批农业职业经理人、经纪人、乡村工匠、文化能人、非遗传承人等。

（三）发挥科技人才支撑作用。全面建立高等院校、科研院所等事业单位专业技术人员到乡村和企业挂职、兼职和离岗创新创业制度，保障其在职称评定、工资福利、社会保障等方面的权益。深入实施农业科研杰出人才计划和杰出青年农业科学家项目。健全种业等领域科研人员以知识产权明晰为基础、以知识价值为导向的分配政策。探索公益性和经营性农技推广融合发展机制，允许农技人员通过提供增值服务合理取酬。全面实施农技推广服务特聘计划。

（四）鼓励社会各界投身乡村建设。建立有效激励机制，以乡情乡愁为纽带，吸引支持企业家、党政干部、专家学者、医生教师、规划师、建筑师、律师、技能人才等，通过下乡担任志愿者、投资兴业、包村包项目、行医办学、捐资捐物、法律服务等方式服务乡村振兴事业。研究制定管理办法，允许符合要求的公职人员回乡任职。吸引更多人才投身现代农业，培养造就新农民。加快制定鼓励引导工商资本参与乡村振兴的指导意见，落实和完善融资贷款、配套设施建设补助、税费减免、用地等扶持政策，明确政策边界，保护好农民利益。发挥工会、共青团、妇联、科协、残联等群团组织的优势和力量，发挥各民主党派、工商联、无党派人士等积极作用，支持农村产业发展、生态环境保护、乡风文明建设、农村弱势群体关爱等。实施乡村振兴“巾帼行动”。加强对下乡组织和人员的管理服务，使之成为乡村振兴的建设性力量。

（五）创新乡村人才培育引进使用机制。建立自主培养与人才引进相结合，学历教育、技能培训、实践锻炼等多种方式并举的人力资源开发机制。建立城乡、区域、校地之间人才培养合作与交流机制。全面建立城市医生教师、科技文化人员等定期服务乡村机制。研究制定鼓励城市专业人才参与乡村振兴的政策。

十一、开拓投融资渠道，强化乡村振兴投入保障

实施乡村振兴战略，必须解决钱从哪里来的问题。要健全投入保障制度，创新投融资机制，加快形成财政优先保障、金融重点倾斜、社会积极参与的多元投入格局，确保投入力度不断增强、总量持续增加。

（一）确保财政投入持续增长。建立健全实施乡村振兴战略财政投入保障制度，公共财政更大力度向“三农”倾斜，确保财政投入与乡村振兴目标任务相适应。优化财政供给结构，推进行业内资金整合与行业间资金统筹相互衔接配合，增加地方自主统筹空间，加快建立涉农资金统筹整合长效机制。充分发挥财政资金的引导作用，撬动金融和社会资本更多投向乡村振兴。切实发挥全国农业信贷担保体系作用，通过财政担保费率补助和以奖代补等，加大对新型农业经营主体支持力度。加快设立国家融资担保基金，强化担保融资增信功能，引导更多金融资源支持乡村振兴。支持地方政府发行一般债券用于支持乡村振兴、脱贫攻坚领域的公益性项目。稳

步推进地方政府专项债券管理改革，鼓励地方政府试点发行项目融资和收益自平衡的专项债券，支持符合条件、有一定收益的乡村公益性项目建设。规范地方政府举债融资行为，不得借乡村振兴之名违法违规变相举债。

（二）拓宽资金筹集渠道。调整完善土地出让收入使用范围，进一步提高农业农村投入比例。严格控制未利用地开垦，集中力量推进高标准农田建设。改进耕地占补平衡管理办法，建立高标准农田建设等新增耕地指标和城乡建设用地增减挂钩节余指标跨省域调剂机制，将所得收益通过支出预算全部用于巩固脱贫攻坚成果和支持实施乡村振兴战略。推广一事一议、以奖代补等方式，鼓励农民对直接受益的乡村基础设施建设投工投劳，让农民更多参与建设管护。

（三）提高金融服务水平。坚持农村金融改革发展的正确方向，健全适合农业农村特点的农村金融体系，推动农村金融机构回归本源，把更多金融资源配置到农村经济社会发展的重点领域和薄弱环节，更好满足乡村振兴多样化金融需求。要强化金融服务方式创新，防止脱实向虚倾向，严格管控风险，提高金融服务乡村振兴能力和水平。抓紧出台金融服务乡村振兴的指导意见。加大中国农业银行、中国邮政储蓄银行"三农"金融事业部对乡村振兴支持力度。明确国家开发银行、中国农业发展银行在乡村振兴中的职责定位，强化金融服务方式创新，加大对乡村振兴中长期信贷支持。推动农村信用社省联社改革，保持农村信用社县域法人地位和数量总体稳定，完善村镇银行准入条件，地方法人金融机构要服务好乡村振兴。普惠金融重点要放在乡村。推动出台非存款类放贷组织条例。制定金融机构服务乡村振兴考核评估办法。支持符合条件的涉农企业发行上市、新三板挂牌和融资、并购重组，深入推进农产品期货期权市场建设，稳步扩大“保险+期货”试点，探索“订单农业+保险+期货（权）”试点。改进农村金融差异化监管体系，强化地方政府金融风险防范处置责任。

十二、坚持和完善党对“三农”工作的领导

实施乡村振兴战略是党和国家的重大决策部署，各级党委和政府要提高对实施乡村振兴战略重大意义的认识，真正把实施乡村振兴战略摆在优先位置，把党管农村工作的要求落到实处。

（一）完善党的农村工作领导体制机制。各级党委和政府要坚持工业农业一起抓、城市农村一起抓，把农业农村优先发展原则体现到各个方面。健全党委统一领导、政府负责、党委农村工作部门统筹协调的农村工作领导体制。建立实施乡村振兴战略领导责任制，实行中央统筹省负总责市县抓落实的工作机制。党政一把手是第一责任人，五级书记抓乡村振兴。县委书记要下大气力抓好“三农”工作，当好乡村振兴“一线总指挥”。各部门要按照职责，加强工作指导，强化资源要素支持和制度供给，做好协同配合，形成乡村振兴工作合力。切实加强各级党委农村工作部门建设，按照《中国共产党工作机关条例（试行）》有关规定，做好党的农村工作机构设置和人员配置工作，充分发挥决策参谋、统筹协调、政策指导、推动落实、督导检查等职能。各省（自治区、直辖市）党委和政府每年要向党中央、国务院报告推进实施乡村振兴战略进展情况。建立市县党政领导班子和领导干部推进乡村振兴战略的实绩考核制度，将考核结果作为选拔任用领导干部的重要依据。

（二）研究制定中国共产党农村工作条例。根据坚持党对一切工作的领导的要求和新时代“三农”工作新形势新任务新要求，研究制定中国共产党农村工作条例，把党领导农村工作的传统、要

求、政策等以党内法规形式确定下来，明确加强对农村工作领导的指导思想、原则要求、工作范围和对象、主要任务、机构职责、队伍建设等，完善领导体制和工作机制，确保乡村振兴战略有效实施。

（三）加强“三农”工作队伍建设。把懂农业、爱农村、爱农民作为基本要求，加强“三农”工作干部队伍培养、配备、管理、使用。各级党委和政府主要领导干部要懂“三农”工作、会抓“三农”工作，分管领导要真正成为“三农”工作行家里手。制定并实施培训计划，全面提升“三农”干部队伍能力和水平。拓宽县级“三农”工作部门和乡镇干部来源渠道。把到农村一线工作锻炼作为培养干部的重要途径，注重提拔使用实绩优秀的干部，形成人才向农村基层一线流动的用人导向。

（四）强化乡村振兴规划引领。制定国家乡村振兴战略规划（2018—2022），分别明确至2020年全面建成小康社会和2022年召开党的二十大时的目标任务，细化实化工作重点和政策措施，部署若干重大工程、重大计划、重大行动。各地区各部门要编制乡村振兴地方规划和专项规划或方案。加强各类规划的统筹管理和系统衔接，形成城乡融合、区域一体、多规合一的规划体系。根据发展现状和需要分类有序推进乡村振兴，对具备条件的村庄，要加快推进城镇基础设施和公共服务向农村延伸；对自然历史文化资源丰富的村庄，要统筹兼顾保护与发展；对生存条件恶劣、生态环境脆弱的村庄，要加大力度实施生态移民搬迁。

（五）强化乡村振兴法治保障。抓紧研究制定乡村振兴法的有关工作，把行之有效的乡村振兴政策法定化，充分发挥立法在乡村振兴中的保障和推动作用。及时修改和废止不适应的法律法规。推进粮食安全保障立法。各地可以从本地乡村发展实际需要出发，制定促进乡村振兴的地方性法规、地方政府规章。加强乡村统计工作和数据开发应用。

（六）营造乡村振兴良好氛围。凝聚全党全国全社会振兴乡村强大合力，宣传党的乡村振兴方针政策和各地丰富实践，振奋基层干部群众精神。建立乡村振兴专家决策咨询制度，组织智库加强理论研究。促进乡村振兴国际交流合作，讲好乡村振兴中国故事，为世界贡献中国智慧和中国方案。

让我们更加紧密地团结在以习近平同志为核心的党中央周围，高举中国特色社会主义伟大旗帜，以习近平新时代中国特色社会主义思想为指导，迎难而上、埋头苦干、开拓进取，为决胜全面建成小康社会、夺取新时代中国特色社会主义伟大胜利作出新的贡献！

后　记

从2018年年初开始，新疆元正盛业律师事务所受自治区扶贫办委托，参与《新疆维吾尔自治区农村扶贫开发条例（草案）》的立法起草工作（该条例已于2018年7月27日新疆维吾尔自治区第十三届人民代表大会常务委员会第四次会议通过），便成立了元正盛业所精准扶贫专项法律工作组，专门从事精准扶贫政策、法律法规学习研究、法律实践，已经两年时间了。我们从2018年7月起正式开始担任和田地区墨玉县政府法律顾问，并随后又相继担任了和田地区于田县法律顾问，并给和田地区扶贫办提供法律支持。

南疆四地州作为国家深度贫困地区，我们律所除为和田地区提供精准扶贫法律服务外，还同时参与了北疆伊犁州、阿勒泰、昌吉州部分县市的精准扶贫法律服务，同时担任自治区扶贫办的法律顾问。应该说，我们的精准扶贫法律服务业务覆盖和惠及了南北疆的大部分重点扶贫地区和县市。

元正盛业所为了能够把精准脱贫中的精准做到极致，我们立足于专业成立了一个23人的专业团队专门负责精准扶贫的政策研究、现场服务、后台支持，利用律师的专业作用，帮助各县市把好精准扶贫、特别是产业扶贫各环节、全流程的法律风险，避免“好心办坏事”情况发生。同时在依法合规的基础上，协助政府、实施主体、贫困户推动扶贫项目又好又快落地实施，帮助当地早日脱贫致富，体现律师的增值服务。

在工作中，我们也遇到了以下难题：一是打赢脱贫攻坚战作为国家提出的三大战役之一，任务重、时间紧，但精准扶贫工作不同律师传统的诉讼业务、非诉业务，律师如何参与到精准扶贫工作中，发挥律师专业价值，很多律师刚开始持有很大疑虑；二是自治区脱贫攻坚的主战场在南疆四地州，距离乌鲁木齐一两千公里，交通很不方便，来去在路途的时间都需要两三天，而对律师来说，时间就是金钱，很多律师不愿意去南疆做精准扶贫法律业务；三是南疆四地州作为自治区少数民族聚集的地区，少数民族人口众多，语言交流对律师而言也是一项重要挑战；四是客观讲，南疆四地州的各级扶贫领导干部整体法律意识、风险意识还比较淡薄、法律人才还很短缺，这无形中在我们提供法律服务工作中增加了很大工作量。

面对律师的疑虑，我们怀着强烈的历史使命感、责任感和政治担当，按照自治区党委、政府和自治区扶贫办、自治区司法厅对新疆律师行业助力新疆脱贫攻坚的要求，带领团队义无反顾地积极投身到了新疆脱贫攻坚工作中去，也是新疆律师行业落实近期司法部办公厅《关于开展律师助力脱贫攻坚专项行动的通知》的重大行动体现。通过我们多次南疆实地调研，对接政府法律需求，我们在2018年相继担任了和田地区墨玉县、于田县精准扶贫专项法律顾问。此外，在我们团队内部，根据各自专业特长、个人意愿成立了政策法规组、现场服务组和后台支持组，发挥团队优势、实现分工协作的工作模式，把熟悉基层工作、对基层有感情的律师派驻现场，在收入分配上进行倾斜。与此同时，团队专门引进高素质的少数民族律师，并采取与当地律所合作的互利模式，很好地解决了语言沟通方面的问题。

我觉得参与产业扶贫工作，我们最大的优势得益于元正盛业所始终把“政府法律顾问业务”作为律所的核心业务，我想这在全国律所中都是很罕见的。十多年以来，元正盛业所始终以基层县市政府法律顾问为主战场，紧跟政策、紧贴政府，非常熟悉基层县市的县域县情、风险矛盾点、法律服务需求点，培养了一批熟悉政府法律服务业务的律师队伍。元正盛业所作为超过 150 人的区域综合性大所，很好地发挥了律师专业优势、规模优势。精准扶贫工作作为一项系统性、综合性、复杂性的法律业务，需要投入很大的精力、物力和成本，不是简简单单一两个律师能够完成的工作。在这个时候，元正盛业所的专业优势、规模优势、团队优势发挥了重要作用。我想这跟我们律所的管理模式也有很大关系。元正盛业所总分所实行一体化的管理模式，以业务为核心，各所之间、律师之间根据业务需要随时服从调配，很好地解决了“团队不紧、业务不强”的问题。

未来律所对于产业扶贫的愿景：一是积极响应国家脱贫攻坚战略，认真落实司法部办公厅《关于开展律师助力脱贫攻坚专项行动的通知》，充分发挥律师职能作用，为打赢脱贫攻坚战提供法律服务和法治保障，作出律师行业的应有贡献。二是以产业扶贫为抓手，精准对接国家乡村振兴战略，凭借元正盛业所在政府法律顾问领域多年的工作实践，全面参与到国家乡村振兴战略法律服务工作中去。三是借助产业扶贫和本书出版发行为契机，在元正盛业所内部培养一支“服务基层、能打硬仗”的年轻律师队伍，助力把元正盛业所早日打造成为总部位于西部的以政府法律顾问为主业的综合性国际化律师事务所。

耿宝建

2019 年 5 月于和田

图书在版编目(CIP)数据

产业扶贫法律服务实务与风险防范 / 耿宝建主编
. -- 北京 : 法律出版社 , 2019
ISBN 978-7-5197-3765-8

Ⅰ . ①产… Ⅱ . ①耿… Ⅲ . ①扶贫－法律－基本知识
－中国 Ⅳ . ① D922.290.4

中国版本图书馆 CIP 数据核字 (2019) 第 184873 号

产业扶贫法律服务实务与风险防范
CHANYE FUPIN FALÜ FUWU SHIWU YU FENGXIAN FANGFAN

耿宝建 主 编
李 伟 王颖捷 副主编

责任编辑 何照新
装帧设计 鲁 娟

出版 法律出版社
总发行 中国法律图书有限公司
经销 新华书店
印刷 三河市龙大印装有限公司
责任校对 杨锦华
责任印制 张建伟

编辑统筹 法律与生活
开本 A5
印张 9.25
字数 203 千
版本 2019 年 10 月第 1 版
印次 2019 年 10 月第 1 次印刷

法律出版社 / 北京市丰台区莲花池西里 7 号(100073)
网址 / www.lawpress.com.cn
投稿邮箱 / info@lawpress.com.cn
举报维权邮箱 / jbwq@lawpress.com.cn
销售热线 / 400-660-8393
咨询电话 / 010-63939796

中国法律图书有限公司 / 北京市丰台区莲花池西里 7 号(100073)
全国各地中法图分、子公司销售电话:
统一销售客服 / 400-660-8393/6393
第一法律书店 / 010-83938432/8433 西安分公司 / 029-85330678 重庆分公司 / 023-67453036
上海分公司 / 021-62071639/1636 深圳分公司 / 0755-83072995

书号: ISBN 978-7-5197-3765-8
定价: 55.00 元
(如有缺页或倒装, 中国法律图书有限公司负责退换)